MOEWIG
DOKUMENTATION

Zum Buch

In der neueren Geschichte gibt es keinen denkwürdigeren Tag als den D-Day, mit dem 1944 die Invasion in der Normandie begann. Dieses Buch hält Atmosphäre und Spannung des 6. Juni fest und stellt sie überzeugend dar. Aus dem Gewirr von Zufällen, Pannen und Leistungen schält sich ein bemerkenswert klares Bild des Verlaufs der Operationen und der sie beeinflussenden Umstände heraus. Die Schilderung beginnt mit der Situation in Großbritannien in den ersten Monaten des Jahres 1944 und bringt eine anschauliche Darstellung der vielfältigen Vorbereitungen auf die Invasion.

Amerikaner und Engländer marschierten getrennt auf, um die französische Küste in einer Zangenbewegung zu erobern. Hitler erkannte die strategische Bedeutung dieses Aufmarschs, doch der deutsche Oberbefehlshaber West, Generalfeldmarschall von Rundstedt ignorierte die Hinweise darauf.

Im Mittelpunkt dieses Buches steht der D-Day selbst, den der Autor höchst lebhaft und eindringlich schildert, indem er sich in erster Linie mit dem Luftlandeunternehmen auf beiden Flanken befaßt. Die besondere Qualität dieser Darstellung liegt in der Fähigkeit des Autors, die wichtigsten Fakten präzise zusammenzufassen und gleichzeitig die emotionalen Hintergründe dieser Fakten zu erläutern und zu vermitteln.

Die Reihe »Moewig Dokumentation« erscheint gleichzeitig in England und Amerika, es gibt Lizenzausgaben in Japan, Frankreich, Holland, Italien, Spanien, Schweden, Brasilien und Jugoslawien. Den anerkannten Autoren —vornehmlich Engländern und Amerikanern— ist es gelungen, die großen Ereignisse dieses Jahrhunderts so darzustellen, daß sich in der ganzen Welt bereits über hundert Millionen Leser für ihre Bücher begeisterten.

R. W. Thompson

Die Invasion

MOEWIG
Deutsche Erstausgabe

MOEWIG Band Nr. 4313
Moewig Taschenbuchverlag Rastatt

2. Auflage

Titel der Originalausgabe: D-DAY
Aus dem Amerikanischen von Wulf Bergner

Umschlagfoto: Süddeutscher Verlag
Umschlagentwurf und -gestaltung: Franz Wöllzenmüller, München
Verkaufspreis inkl. gesetzl. Mehrwertsteuer
Auslieferung in Österreich:
Pressegroßvertrieb Salzburg, Niederalm 300, A-5081 Anif
Printed in Germany 1985
Druck und Bindung: Elsnerdruck, Berlin
ISBN 3-8118-4313-3

Inhalt

Der schicksalhafte Tag

Einleitung von Sir Basil Liddell Hart

In der neueren Geschichte gibt es keinen denkwürdigeren Tag als den „D(ecision)-Day“, den Tag der Entscheidung, mit dem 1944 die Invasion in der Normandie begann – und R. W. Thompson hat einen ebenso denkwürdigen Bericht darüber geschrieben. Er hält Atmosphäre und Spannung des 6. Juni fest und stellt sie überzeugend dar. Gleichzeitig extrahiert er aus dem Gewirr von Zufällen, Pannen und Leistungen ein bemerkenswert klares Bild des Verlaufs der Operationen und der sie beeinflussenden Umstände. Trotz der gezeigten emotionalen Intensität, die er offenbar auch empfindet, wird das Bild niemals verschwommen, werden seine Umrisse nicht verzerrt. Dies ist nicht nur ein Buch, sondern eine große Tat.

Die Schilderung beginnt mit der Situation in Großbritannien in den ersten Monaten des Jahres 1944 und bringt eine anschaulich klare Darstellung der vielfältigen Vorbereitungen, auch der Sicherheitsvorkehrungen, für die bevorstehende Rückkehr der Alliierten über die Normandie auf den europäischen Kontinent. Zu den englischen Streitkräften kamen bei Jahresbeginn 750 000 Amerikaner, deren Zahl sich bis Ende Mai mehr als verdoppelte, so daß bis dahin elf kampfstarke

Divisionen aufgestellt waren, denen weitere folgen würden. Die amerikanischen Truppen waren hauptsächlich im Südwesten und Westen Großbritanniens stationiert – grob gesagt westlich von Southampton –, während die englischen Invasionstruppen im Südosten standen, vor allem in Hampshire und Sussex.

Im Südwesten waren englische Uniformen – abgesehen bei Urlaubern – damals so selten, daß die einheimische Bevölkerung ironisch von dem „besetzten England" sprach, was Thompson unerwähnt läßt. Daß diese Bezeichnung im allgemeinen scherzhaft gebraucht wurde, war auf die guten Beziehungen zwischen Amerikanern und Einheimischen zurückzuführen, die ich aus eigener Anschauung bestätigen kann, weil ich den größten Teil der Monate Februar und März damit verbracht hatte, die Divisionen der ersten Welle und ihre Kommandeure in diesem Gebiet zu besuchen.

Der Hauptgrund für diese getrennte Aufstellung war das unvermeidliche Durcheinander, das entstehen mußte, falls englische und amerikanische Nachschubwege und Nachrichtenverbindungen einander überschnitten. Dieser Punkt wurde in vorbereitenden Diskussionen häufig unterstrichen – vor allem von General Montgomery, der inzwischen zum Kommandierenden der Invasionsstreitkräfte ernannt worden war und General Eisenhower, dem Oberbefehlshaber der alliierten Expeditionsstreitkräfte in Europa, unterstand. Andererseits lieferte der deutlich getrennte Aufmarsch einen Hinweis darauf, daß die Doppelinvasion sich in einer Zangenbewegung gegen die gegenüberliegende französische Küste zwischen den Halbinseln bei Cherbourg und

Le Havre richten würde. Tatsächlich erkannte Hitler die strategische Bedeutung dieses Aufmarsches und verschiedener weiterer Hinweise als erster. Aber zum Glück für die Alliierten ignorierte der deutsche Oberbefehlshaber West, Generalfeldmarschall von Rundstedt, diese Hinweise wegen seiner Überzeugung, der alliierte Vorstoß müsse an der engsten und zugleich Deutschland am nächsten Stelle des Ärmelkanals erfolgen.

Nach einer erhellenden Darstellung der Meinungsverschiedenheiten im deutschen Oberkommando – zwischen Rundstedt und Rommel sowie zwischen Hitler und Rundstedt – kommt Thompson zum „D-Day“ selbst, den er höchst lebhaft und eindringlich schildert. Seine Darstellung befaßt sich zuerst und hauptsächlich mit den Luftlandeunternehmen auf beiden Flanken, mit denen der Angriff über den Ärmelkanal hinüber eingeleitet wurde. Obwohl er die von See aus durchgeführten Landungen nur verhältnismäßig kurz schildert, bringt er ziemlich alle wichtigen Punkte – noch dazu in bemerkenswert präziser Darstellung. Tatsächlich liegt die besondere Qualität dieses Buches in der Fähigkeit des Autors, die wichtigen Fakten zusammenzufassen und dem Leser gleichzeitig die emotionalen Hintergründe dieser Fakten zu erläutern und zu vermitteln.

Die umkämpfte Insel

Wer Großbritannien in den ersten Monaten des Jahres 1944 besuchte – in dieser Zeit kamen etwa zwei Millionen Besucher –, konnte die Quellen, aus denen diese Insel ihre Kraft schöpfte, unmöglich übersehen. Die Beweise für ihre Seemacht, mit der es ihr im Laufe der Jahrhunderte nicht nur gelungen war, den Spanier Philipp II., den Franzosen Napoleon I. und den Deutschen Adolf Hitler zurückzuschlagen, sondern auch ein Weltreich zu schaffen, das ein Viertel der Erdoberfläche bedeckte, lagen nicht nur auf den Meeren um Großbritannien, auf denen ständig große und kleine Kriegsschiffe patrouillierten, in den Hunderten von Häfen, in denen es von Schiffen in erstaunlicher Vielfalt wimmelte, in den zahllosen Rampen an Stränden und Flußmündungen, über die alle möglichen Wasserfahrzeuge ihrem Element übergeben oder zur Reparatur an Land gebracht werden konnten, in den Werften, in denen die Gerippe von im Bau befindlichen Schiffen aufragten, und den gigantischen Aktivitäten an allen ihren Küsten, sondern auch tief im Landesinneren – in ihren Kohle- und Eisenlagerstätten, ihrer Leicht- und Schwerindustrie und vor allem dem handwerklichen Geschick ihrer Bevölkerung.

Schiffe waren nicht länger auf Werften beschränkt; sie entstanden in engen Straßen, in Gassen und wurden in

Dutzenden von Betrieben aus vorgefertigten Teilen zusammengesetzt. Zehntausende von Arbeitern bauten nicht nur Boote und Schiffe, sondern auch alle möglichen anderen Wasserfahrzeuge. Der englische Schiffbau schien fast zu einer „Heimindustrie" geworden zu sein, und die aus der Schule kommenden Kinder starrten auf dem Nachhauseweg die Schweißer und Nieter an und waren von den in der Nähe ihrer Wohnungen entstehenden Stahlskeletten fasziniert.

Selbst viele der Haupttätigkeiten des Heeres hatten irgendwie mit der See zu tun. Marine- und Heeresoffiziere arbeiteten bei vielen „kombinierten" Aufgaben unter Generalleutnant Hobart zusammen.

In langwierigen Versuchsreihen wurden Panzer der Typen Churchill und Sherman für die Überwindung der an den Stränden der Normandie zu erwartenden Hindernisse ausgerüstet. Die 79. Panzerdivision umfaßte schließlich 1000 Panzerfahrzeuge, die die Angriffsspitze bilden sollten.

Der Bedarf an Besatzungen für die vielen Tausende von Spezialfahrzeugen belastete die bereits fast ausgeschöpften Menschenreserven bis zum Äußersten, denn diese Besatzungen mußten aus fähigen, mutigen, erfinderischen und charaktervollen Männern bestehen, und es schien, als ob die gemeinsamen Anforderungen dieser Massen spezialisierter Land- und Wasserfahrzeuge sowie der Stoßtrupps von Marine, Heer und Marineinfanterie den herkömmlichen Teilstreitkräften viele ihrer besten Leute entziehen würden.

Während Hobart die Besatzungen seiner Amphibienfahrzeuge ausbildete, bildete die Marine Besatzungen für ihre Vielzahl von Landungsfahrzeugen aus: Panzerlandungsschiffe, Sturmboote, Landungsschiffe mit Raketenwerfern, die mit einer einzigen Salve ganze Dörfer verwüsten konnten und die Decks ihrer Trägerfahrzeuge mit Flammen versengten, Landungsfahrzeuge, die für spezielle Vermessungsaufgaben ausgerüstet waren, und sogar als X-Craft bekannte Kleinst-U-Boote für Spezialeinsätze. Alle diese Fahrzeuge mußten tapfere, gut ausgebildete Besatzungen erhalten, und viele von ihnen wurden schon in der Ausbildungszeit ständig gegen den Feind eingesetzt.

Meiner Ansicht nach ist es wichtig, die bemerkenswerte Integration der Teilstreitkräfte zu unterstreichen, durch die Land- und Seemacht zu einer einzigen schlagkräftigen Waffe vereinigt wurden, die sich dann in der Normandie als „Büchsenöffner" bewährte.

Im Frühjahr 1944 erreichten die meisten dieser Aktivitäten ihren Höhepunkt. Der verzweifelt benötigte und widerstrebend zugestandene zusätzliche Vorbereitungsmonat vor dem D-Day erwies sich als für das Gelingen dringend erforderlich. Ohne diesen zusätzlichen Monat hätten die großen künstlichen Häfen, von denen eine erfolgreiche Ausdehnung der Landungsköpfe in der Normandie abhing, nicht zur Verfügung gestanden, und die anfänglich vielleicht erfolgreiche Invasion wäre vergebens gewesen. Diese als „Mulberries" bekannten riesigen künstlichen Häfen, vor denen Wellenbrecher (Deckname „Gooseberries") lagen, waren einzigartig komplex: Sie bestanden aus Fahrbahnen – sogenannten „Wal"-Einheiten –, Caissons aus Stahl und Beton, die als „Phoenix"-Einheiten bezeichnet wurden,

„Käfern“ und einer ganzen „Menagerie“ von Zubehörteilen.

Insgesamt 146 Phoenix-Caissons wurden benötigt: von zehn der kleinsten Größe mit je 1672 Tonnen in sechs Zwischengrößen bis zu 60 der größten mit je 6044 Tonnen. Für ihren Bau wurden 600 000 Tonnen Beton, 31 000 Tonnen Stahl und 1 350 000 Meter Stahlblechbeplankung verbraucht. Die unter großen Schwierigkeiten freigemachten acht Trockendocks und zwei Schwimmdocks mußten durch zwölf riesige Becken ergänzt werden, die an der Themse ausgehoben wurden und durch einen Erddamm vom Fluß getrennt blieben. Diese Erddämme würden eingerissen werden, sobald die Caissons schwimmfähig waren und auf den Fluß hinausgeschleppt werden sollten. 20 000 Mann machten monatelang Überstunden, während die Pumpen unaufhörlich das einsickernde Wasser in die Themse zurückbeförderten.

Aber es genügte nicht, diese seltsamen Objekte, die der gegnerischen Luftaufklärung ein Rätsel blieben, nur zu bauen. Sie sollten nicht nur schwimmen, sondern mußten je nach Größe in unterschiedlicher Wassertiefe rasch sinken können. Nach langen praktischen Versuchen wurde die Versenkungszeit der größten Caissons von eineinhalb Stunden auf 22 Minuten herabgedrückt. Jede „Phoenix“-Einheit war zugleich eine Art Schiff mit Besatzungsunterkünften und zwei Bofors-Flakgeschützen mit 20 Tonnen Munition. Sie besaßen jedoch keinen eigenen Antrieb, und als sie fertiggestellt waren, zeigte sich, daß die Schlepphaken unzulänglich befestigt waren. Auf der Marinewerft Chatham arbeiteten Gruppen von

Riggern in den letzten Wochen Tag und Nacht daran, die Schleppvorrichtungen ausreichend zu verstärken.

Der Transport dieser 146 Ungetüme war nur eines der vielen Schleppprobleme, für das eine große Schlepperflotte benötigt wurde, von der die Caissons über den Ärmelkanal geschleppt und je nach Wassertiefe in Position gebracht werden würden. Dazu kamen noch etwa 70 alte Schiffe, viele davon ausgediente Kriegsschiffe mit stolzen Namen, die vor den künstlichen Häfen versenkt werden sollten, um die „Gooseberries" (Wellenbrecher) zu bilden.

Insgesamt waren an dem Projekt zur Anlage künstlicher Häfen, das vom Reißbrett weg in die Produktion ging, über 3000 kleine Schiffe, Leichter und Prahme beteiligt. Beispielsweise mußten die Pier-Endstücke – jeweils aus 1000 Tonnen Stahl bestehend – an den Stränden verankert werden, und die hinter ihnen hängenden Materialmassen, die Tausende von Metern langen Pontonbrücken, mußten mit den Gezeiten sechs Meter steigen und sinken können – alles innerhalb der 7,5 Kilometer, die durch die als Wellenbrecher dienenden versenkten Schiffe geschützt waren.

Mit diesen Mitteln wollte Admiral Ramsay, der Oberbefehlshaber der alliierten Seestreitkräfte, eine stabile Brücke nach Frankreich errichten und täglich bis zu 12 000 Tonnen Nachschub für die 33 Divisionen heranschaffen, die auf dem Höhepunkt des Einsatzes künstlicher Häfen über den Strand von Arromanches mit Verpflegung und Munition versorgt werden sollten. Gleichzeitig wurde „Pluto", die im Meer versenkte Treibstoffleitung, für den Bau nach Cherbourg konstruiert und sollte später leichter zugängliche Orte an der französischen und belgischen Küste versorgen.

Die Behauptung, diese Aktivitäten seien ein Mikrokosmos der Aufgaben gewesen, die gelöst werden mußten, damit ein erfolgreicher Angriff über den Ärmelkanal hinweg gegen ein 100 Kilometer langes Teilstück des Atlantikwalls vorgetragen werden konnte, ist vielleicht eine Untertreibung, aber keine ernstliche Untertreibung.

Vizeadmiral W. G. Tennant, der als Kapitän am Strand von Dünkirchen Großes geleistet hatte, organisierte das „Mulberry"-Projekt mit 500 Marineoffizieren und rund 10 000 Mann, zu denen noch ein ganzes Heer von Arbeitern kam. Das Unternehmen war durch Querverbindungen mit einer bemerkenswerten Galaxis von Organisationen mit geheimnisvollen Decknamen verknüpft – „Buco", „Turco", „Corep" und „Cotug" waren nur einige davon –, denen zahllose Unterorganisationen mit ebenso unverständlichen Abkürzungen unterstanden.

Aber alle diese wichtigen Projekte und Aktivitäten auf der Insel, die komplizierten Pläne und die Wunder der Produktion, des Transports, der Ausbildung und der Organisation hingen letzten Endes von der Arbeit einer sehr kleinen, ausgesuchten Gruppe von Männern ab, die sehr tapfer, geduldig und erfinderisch sein mußten. Auf der Genauigkeit der von diesen Männern gelieferten Informationen würden Erfolg oder Mißerfolg basieren. Obwohl die Luftaufklärung wertvolle Hinweise lieferte, genügte sie allein nicht. Beispielsweise mußten die Invasoren auf einem vom Feind ständig bewachten 100

Kilometer breiten Küstenstreifen alle Strände, Klippen und Buchten kennen.

Den Pionieren, die – oft sogar unter Wasser – den Sturmtruppen den Weg bahnen würden, war viel damit geholfen, wenn sie genau wußten, mit welchen tödlichen, ständig ausgebauten Hindernissen der Gegner die gefährdeten Strandabschnitte bestückte. Dazu gehörten Tetraeder aus Winkeleisen, Höckerhindernisse und in die Strände eingerammte Baumstämme, die Landungen von Lastenseglern verhindern sollten. Wer ihre genaue Position kannte, konnte sie eher unschädlich machen, und um solche Hindernisse zu erkunden, die Mündungen der Orne, der Vire und vieler kleiner Flüsse zu erforschen und die Verminung von Schleusen zu neutralisieren, die diese Wasserläufe für alliierte Prahme und Leichter sperren konnte, wurden kleine Gruppen todesmutiger junger Männer eingesetzt.

Seit den Tagen von Dünkirchen hatte es viele solcher Männer gegeben, die unschätzbare Dienste geleistet hatten. Ihnen verschaffte der Krieg Abenteuer, wie Männer sie im Frieden oft vergeblich suchen. In mondlosen Sommer- und Winternächten verließen sie die Insel, wurden mit ihren für Vermessungsaufgaben ausgerüsteten Landungsfahrzeugen von Minenlegern über den Ärmelkanal geschleppt und paddelten das letzte Stück in Faltbooten an Land oder schwammen unter Wasser hin.

Auf diese Weise schlängelten sie sich bei Niedrigwasser durch todbringende Sperren, legten gelegentlich Sprengladungen, entschärften noch häufiger die des Feindes, merkten sich Einzelheiten, nach denen sie später genaue Skizzen anfertigten, begutachteten Strömungsverhältnisse und nahmen Bodenproben, die von Fachleuten untersucht werden würden. Hatte ein Fachmann plötzlich Zweifel, wurde sofort eine Gruppe zur Überprüfung der dortigen Verhältnisse angesetzt, denn von solchen Dingen hing es ab, ob Panzerfahrzeuge an dieser Stelle an Land gebracht werden konnten oder nicht.

In den letzten Monaten vor dem D-Day mußte die Bewegungsfreiheit der Zivilbevölkerung aus Sicherheitsgründen stark eingeschränkt werden. Ein 15 Kilometer breiter Küstenstreifen Großbritanniens von The Wash nach Süden und Westen bis Land's End und von Dunbar bis Arbroath in Schottland wurde zur Sperrzone erklärt. Zahlreiche Sperrgebiete, zum Beispiel Sherwood Forest, dienten als Munitionslager, und ein Labyrinth aus Flugplätzen, Militärlagern und Geräteparks engte die Zivilbevölkerung weiter ein.

Millionen von Männern und Frauen lebten zwischen Meer und Stacheldraht, und weitere Millionen bewohnten den inneren Käfig, in dem sie nicht mehr Bewegungsfreiheit als die isolierten Truppen hatten. Tatsächlich war das Zivilleben fast zum Erliegen gekommen – und trotzdem mußten viele seiner Funktionen unbedingt erhalten bleiben.

Ab 10. März 1944 unterlagen alle Reisen, Telefongespräche und Briefe in dieser Zone strikter Überwachung, aber selbst ohne Kontrollen hätte der starke Militärverkehr auf Straßen und Eisenbahnen zivile Reisen fast unmöglich gemacht. Seit mindestens drei Jahren waren nur noch wenige Engländer bequem verreist. Die lückenlose Erfassung aller Bürger und die Rationierung von Lebensmitteln und wichtigen Gebrauchsgütern hatte die

Briten längst zu bloßen statistischen Zahlen herabsinken lassen. Abgesehen von Ärzten, Angehörigen anderer wichtiger Berufe und einigen wenigen Privilegierten konnte man sich als Zivilist auf den Straßen nur mit dem Fahrrad oder zu Fuß fortbewegen. Und die Straßen waren zu lebensgefährlichen Rennbahnen geworden, auf denen endlose Konvois mit Höchstgeschwindigkeit dahinröhrten, so daß die Häuser an engen Ortsdurchfahrten Tag und Nacht unter dem Rumpeln schwerer Lkw's erzitterten.

Am 6. April wurde den Invasionstruppen aller Urlaub gestrichen und die Post- und Telefonzensur weiter verschärft. Das englische Kriegskabinett gab trotz schwerer Bedenken den begründeten Wünschen des Oberbefehlshabers nach, schränkte die Rechte von Diplomaten ein, hielt Diplomatenpost an und ließ Botschaftsgebäude beobachten. Es war schwierig, wenn nicht sogar unmöglich, ausländische Botschaften nach Sicherheitskriterien einzustufen, denn bei den treuesten Verbündeten konnte es Feinde oder Toren geben. Deshalb war es einfacher, alle ohne Ausnahme zu überwachen, anstatt diesen oder jenen Diplomaten intensiver als die anderen zu beschatten.

Tatsächlich machte sich im Frühjahr 1944 bei der britischen Bevölkerung ein gewisser Stimmungswandel bemerkbar, der etwa zu gleichen Teilen aus Unbehagen und Erleichterung zusammengesetzt war. Die Engländer freuten sich über die offenkundigen und sichtbaren Beweise für die so dringend benötigte Unterstützung durch die Amerikaner. Sie fürchteten aber auch die unausgesprochenen Folgen dieser gewaltigen „Invasion“, die das Wesen der Insel vielleicht für immer verändern würde.

Die Flüchtlinge, die Europäer und Skandinavier in ihrer Mitte, die mit ähnlich kümmerlichen Mitteln wie sie selbst um ihre Rückkehr auf den Kontinent kämpften, standen ihnen auf hundertfache Weise näher, als die Männer aus der Neuen Welt mit ihren fremdartigen Gewohnheiten, ihrem materiellen Reichtum an Nahrung, Kleidung und Geld und ihren andersartigen Kriegszielen. Vielleicht war es für Churchill, der amerikanisches Blut in den Adern hatte, leichter, sie als „Cousins“ zu begrüßen und die unvermeidliche Beschränkung britischer Souveränität durch Verbündete hinzunehmen, die er nicht für „richtige“ Ausländer hielt.

Falls Großbritannien tatsächlich ein Trojanisches Pferd in seine Mauern eingelassen hatte, stand trotzdem fest, daß die aus ihm hervorquellenden bewaffneten Haufen nur von den allerbesten Absichten beseelt waren, zu denen auch der höchst natürliche Wunsch gehörte, so frühzeitig wie möglich in ihre Heimat zurückzukehren. Jeder Amerikaner war über einige der auffälligsten Absonderlichkeiten der Engländer belehrt worden und hatte eine Broschüre erhalten, die verhindern sollte, daß er den Inselbewohnern allzu schmerzhaft auf die Zehen trat.

Am 1. Januar 1944 standen 750 000 amerikanische Soldaten in Großbritannien, und weitere Verstärkungen ließen diese Zahl in den ersten fünf Monaten dieses Jahres auf über eineinhalb Millionen Mann anwachsen. Die Amerikaner brachten Unmengen von Waffen, Munition, Ausrüstung, Verpflegung und Fahrzeugen mit und erhielten weitere 750 000 Tonnen Nachschub pro Monat. Alle diese Truppen- und Nachschubtransporte mußten durch eigene Häfen in die den Amerikanern zugewiesenen Gebiete gelangen.

General Frederick Morgan und seine amerikanischen Untergebenen waren sich von Anfang an darüber im klaren, daß die Nachschub- und Fernmeldeverbindungen der alliierten Armeen streng voneinander getrennt bleiben mußten. Diese Notwendigkeit wurde später auch von General Montgomery immer wieder unterstrichen. Die Organisations- und Verwaltungsmethoden sowie die Nachschubgüter an sich waren zu unterschiedlich, um kombiniert oder untereinander ausgetauscht zu werden.

Die Tatsache, daß zwei riesige Armeen, die mit allen ihren Diensten und Nachschuborganisationen auf der gleichen kleinen, übervölkerten Insel stationiert waren, strikt voneinander getrennt bleiben mußten, obwohl sie am gleichen Tag an der gleichen Invasion teilnehmen sollten, warf ungeheure Probleme auf. Die Kapazität der zur Verfügung stehenden Lagerhäuser war bald erschöpft, so daß entlang der zu den Einschiffungshäfen führenden Straßen Nachschublager angelegt wurden.

Die Amerikaner hielten vor allem den Westen und Südwesten Englands „besetzt“: Ihre Wellblechhütten und Zeltlager standen in Cornwall, Devon und Dorset, aber ihre Nachschub- und Instandsetzungseinheiten waren bis weit in die Midlands hinein stationiert. Trotz großer juristischer Schwierigkeiten hatten sie Hunderte von Privatgrundstücken, Farmen und ganze Dörfer übernommen, aber trotzdem reichten die für eine intensive Sturmausbildung geeigneten Gebiete kaum aus.

Für die amerikanischen Fallschirmtruppen waren nordöstlich und nordwestlich von London Bereitstellungsräume ausgewiesen worden. Die mit Lastenseglern ausgerüsteten Luftlandetruppen standen in den West-Midlands, die 101. Division zwischen Newbury und Exeter, die 82. Division war östlich davon stationiert.

Die britischen und kanadischen Einheiten sammelten sich im Süden – hauptsächlich an den Küsten von Hampshire und Sussex –, während das Heer von Männern und Frauen, das zur Versorgung dieser Armeen nötig war, besorgniserregend anwuchs. Gordon Harrison berichtet, daß 54 000 Mann, darunter die eine Zeitlang zweckentfremdete 5. Panzerdivision, notwendig waren, um allein die Einrichtungen für die Invasionstruppen zu schaffen und zu unterhalten und die Dienstleistungen zu erbringen, durch die ihre Einsatzbereitschaft erst hergestellt wurde. In den ersten drei Monaten des Jahres 1944 wurden über 4500 Köche für diese Truppen ausgebildet, und über 3800 Lkw's schafften ihren Nachschub heran.

Auf anderer Ebene kämpften die kommandierenden Generale darum, die Zahl der pro Sturmdivision vorgesehenen Fahrzeuge auf höchstens 2500 zu begrenzen, während ursprünglich mindestens 3000 vorgesehen gewesen waren.

Genaueste Detailplanung war notwendig, damit sichergestellt war, daß diese Masse von Männern, Fahrzeugen und Schiffen zur rechten Zeit am rechten Ort war und allen benötigten Nachschub in richtiger Reihenfolge erhielt. Was zuletzt angeliefert wurde, sollte als erstes hinausgehen, und die Nachschubtransporte mußten entsprechend organisiert werden. Gleichzeitig mußten die

Ansammlungen von Truppen und Schiffen so gut wie möglich vor feindlicher Luftaufklärung getarnt werden. Aus Dutzenden von Scheinlagern stieg der Rauch zahlreicher Feuer auf, während Marine und Luftwaffe im Ärmelkanal und weit im Norden ständige Ablenkungsangriffe vortrugen.

Um die Deutschen zu täuschen, wurden vor Dungeness – gegenüber von Bordeaux – einige Sektionen eines künstlichen Hafens versenkt. Umfangreiche Minenfelder bildeten ein seltsames Muster von der südlichen Ostsee bis hin zur Meerenge von Calais, und Luftangriffe auf deutsche U-Boote vor der norwegischen Küste sollten den Eindruck erwecken, als sei die Invasion dort zu erwarten. Von Milford Haven bis Harwich lagen die südlichen Häfen Großbritanniens voller Invasionsschiffe, was wiederum dazu führte, daß sich in den nördlichen und nordöstlichen Häfen alle möglichen anderen Schiffe drängten. Diese Kräfteverteilung ließ eine Invasion an fast allen europäischen Küsten zu. Bei Widerstandsbewegungen in Norwegen, Holland und Frankreich ausgestreute Gerüchte über die Absichten der Alliierten trugen weiter dazu bei, den Gegner in die Irre zu führen.

Neben der Realität des Krieges fand eine intensive Ausbildung der Invasionseinheiten zu Lande, zu Wasser und in der Luft statt. An den Stränden von Suffolk, Devon und Dorset gingen Brigaden mit scharfer Munition unter dem Feuerschutz von Kriegsschiffen an Land, während Zehntausende von Amerikanern, Kanadiern und Briten den Sturmangriff und die Besatzungen der Landungsfahrzeuge die An- und Abfahrt übten. In den wildesten Gebieten Schottlands wurden die für Kommandounternehmen vorgesehenen Truppen auf einen Ausbildungshöchststand gebracht, wobei fast jeder Soldat bei der realistischen Ausbildung zumindest leichte Verwundungen erlitt.

Im September 1943 hatte der amerikanische Oberstleutnant Paul Thompson ein Übungsgebiet in dem weiten Strandabschnitt zwischen den Landzungen Morte und Baggy an der Küste von North Devon eingerichtet, und viele hundert Amerikaner verdanken ihr Leben seinem Einfallsreichtum, seiner Fähigkeit, zu lernen wie zu lehren, und seinem Vorstellungsvermögen, das ihn fast jede nur denkbare Krise berücksichtigen ließ. Von Januar bis Mai 1944 übte Oberstleutnant Thompson mit allen Regimentern der amerikanischen 29. und 4. Division, dem 16. Infanterieregiment der 1. Division und Einheiten der 101. Luftlandedivision den Sturm auf die Festung Europa.

Stacheldrahthindernisse sperrten Senken und Einschnitte in Strandnähe, Minen und Bomben detonierten in Wolken aus schwarzem Qualm, Feuer und Sand, und Tausende von Männern stürmten unter dem Sperrfeuer der Geleitfahrzeuge aus ihren Landungsfahrzeugen über den Strand. Das war wirklichkeitsgetreu und erregend; es war die bestmögliche Ausbildung, aber die unbeschreibbare Spannung des Augenblicks, in dem die Rampen herunterklappen, fehlte trotzdem. Erst der D-Day würde diese Realität erzeugen.

Am 26. April 1944 hatten die Invasionstruppen der ersten Welle ihre endgültigen Bereitstellungsräume in Südengland bezogen.

Zwei Tage später kam es zu den größten Verlusten der gesamten Ausbildungsperiode, von der die Männer und die Landungsschiffe der amerikanischen Force U betroffen waren, die im Ärmelkanal an einer der beiden endgültigen Landungsübungen mit den Decknamen „Tiger" und „Fabius" teilnahmen. Zwei deutsche Schnellboot-Flottillen griffen den Verband an, versenkten zwei Panzerlandungsschiffe und beschädigten ein drittes. Dabei fielen 749 Mann, vor allem Pioniere.

Dieser Zwischenfall zeigte wie kein anderer den Mangel an Landungsfahrzeugen auf, denn der Oberbefehlshaber meldete den Vereinigten Stabschefs in Washington sofort, daß durch diese Verluste die Reserve an Panzerlandungsschiffen „auf Null" zurückgegangen sei.

Das am D-Day zu lösende Problem bestand darin, daß 185 000 Mann und 20 000 Fahrzeuge im ersten Ansturm über den Kanal geschafft werden mußten, während danach weitere Truppen, zusätzliches Gerät und Nachschub zu den Landeköpfen zu transportieren waren. Für das Übersetzen standen 4200 Landungsboote und -schiffe zur Verfügung, die durch 1200 Handelsschiffe und Hilfsfahrzeuge sowie 1200 Kriegsschiffe, darunter sieben Schlachtschiffe und 23 Kreuzer, unterstützt wurden. Im Kielwasser dieser Armada würden die Stahlbetoncaissons der „Mulberries" im Schlepp von 100 Hochseeschleppern und Fähren folgen.

Am Strand würden sie von eigens dafür ausgebildeten Arbeitskommandos erwartet werden, die sofort mit dem Bau der künstlichen Häfen beginnen würden. Froschmänner und in seichtem Wasser arbeitende Pioniere würden die von den Deutschen aufgebauten Hindernisse beseitigen und die zwischen ihnen gelegten Minen räumen.

In der Dunkelheit vor Tagesanbruch würde die aus Luftlandetruppen bestehende fast 20 000 Mann starke Vorhut von 1087 Transportflugzeugen und Lastenseglern in ihren Einsatzräumen hinter den Stränden abgesetzt werden. 10 000 Flugzeuge würden die gewaltige Feuerkraft der Schiffsartillerie verstärken, die ihrerseits die Raketenwerfer und Bofors der Landungsfahrzeuge und die von Bord ihrer Landungsschiffe schießenden Panzer und Geschütze unterstützen würde.

Der Plan für den Fall „Neptun", der sämtliche Aspekte des Sturmangriffs mit Ausnahme der Luftunterstützung behandelte, bildete ein sieben Zentimeter dickes Buch im Großformat.

Am 26. April 1944 zog Admiral Sir Bertram Ramsay, der Oberbefehlshaber der Seestreitkräfte, in sein vorgeschobenes Hauptquartier im Southwick House in Plymouth um, und die fünf Divisionen, die fünf normannische Strände in der Seinebucht stürmen sollten, rückten mit ihrer gesamten Ausrüstung in die Einschiffungshäfen ein.

Jede Kampfgruppe wurde mit dem Anfangsbuchstaben des Decknamens des Strandes bezeichnet, den sie zu stürmen hatte. Die Western Force oder Force U (wie „Utah Beach") – die amerikanische 4. Infanteriedivision des VII. Korps der 1. US-Armee mit der 8. Regimentskampfgruppe an der Spitze – konzentrierte sich auf Torbay, Brixham, Dartmouth und Salcombe, um an der äußersten rechten Flanke den Strandabschnitt nordwestlich der Viremündung zu nehmen. Die Force O (wie

„Omaha Beach") – die amerikanische 1. Infanteriedivision des V. Korps der 1. US-Armee mit der 16. Regimentskampfgruppe an der Spitze – sollte östlich der Vire angreifen und sammelte sich in Weymouth, Portland und Poole. Die Force B der zweiten Welle – die amerikanische 29. Infanteriedivision mit der 116. Regimentskampfgruppe an der Spitze und zwei Ranger-Bataillonen rechts von sich – würde rechts neben der 1. Division angreifen und stand jetzt in Plymouth, Falmouth, Helford River und Fowey. Dahinter konzentrierten sich die Divisionen, die zur Verstärkung der Landeköpfe bestimmt waren, auf Häfen am Bristol-Kanal.

Während des Angriffs unterstand die 1. US-Armee General Omar Bradley, bis die 3. US-Armee unter Befehl von General George S. Patton eintraf, woraufhin Bradley den Oberbefehl über die 12. US-Heeresgruppe übernehmen würde.

Die Eastern Force oder Force G (wie „Gold") – die englische 50. Division des XXX. Korps der englischen 2. Armee, deren rechte Flanke durch die 47. Kommando verstärkt wurde – sollte Arromanches-les-Bains angreifren und stand jetzt in Southampton.

Die Force J (wie „Juno"), die in Southampton am Solent und in Spithead konzentriert war, bestand aus der kanadischen 3. Division des I. Korps der englischen 2. Armee und würde zu beiden Seiten des Flüßchens Seulles zwischen La Rivière und Courselles-sur-Mer angreifen. Die Force S (wie „Sword") stand in Portsmouth, Newhaven und Shoreham, wurde von der englischen 3. Infanteriedivision des I. Korps der englischen 2. Armee angeführt, hatte die Special-Services-Brigaden 1 und 4 rechts und die 4. Kommando links neben sich und würde die Dünen zwischen Douvres und Ouistreham stürmen. Die Force L der zweiten Welle, die 7. Panzerdivision des XXX. Korps, stand in Harwich und am Nore und sollte hinter der 50. Division angreifen. Die für den Ausbau des Landekopfes bestimmten Divisionen waren in Themsehäfen konzentriert.

Die Minenräumpanzer und sonstigen Spezialfahrzeuge von Hobarts 79. Panzerdivision standen den Briten und Kanadiern zur Verfügung, waren jedoch von General Bradley für die Amerikaner abgelehnt worden. DD-Amphibienpanzer würden die Erstürmung aller Strandabschnitte unterstützen.

Die englische 2. Armee stand unter Befehl von General Miles Dempsey; die kanadische 1. Armee unter General Crerar würde ihr folgen. Die 21. Heeresgruppe, an deren Spitze General Sir Bernard Montgomery als Befehlshaber der Landstreitkräfte für die Invasion und die Schlacht um die Normandie stand, führte den Oberbefehl über die alliierten Truppen.

So waren am 26. April die ersten Erschütterungen der sich in Bewegung setzenden gewaltigen Lawine bis in den letzten Winkel Großbritanniens zu spüren. Zu diesem Zeitpunkt waren weder der D-Day noch die Stunde X festgelegt. Die abschließenden Diskussionen über Gezeiten, Mondphasen und die Vorteile von Tag- oder Nachtangriffen hatten noch keine endgültige Entscheidung gebracht. Trotzdem spürten selbst die kleinsten Rädchen in diesem Räderwerk, daß die entscheidende Stunde nahte, daß sie nicht mehr lange hinausgezögert werden konnte und daß sie auf unheimliche Weise fast nicht mehr von Menschenhand beeinflußbar erschien, sondern unaufhaltsam am Horizont heraufzog.

„Früher oder später", hatte General Wavell gesagt, „wird der Zeitpunkt kommen, an dem Gefreiter Snodgrass geradewegs zu seiner Front marschieren muß."

Jetzt war es soweit.

Die englischen und amerikanischen Luftwaffenbefehlshaber wären anderer Meinung als Wavell gewesen: Sie waren davon überzeugt, allein – ohne Unterstützung durch See- und Landstreitkräfte – siegen zu können.

Die Luftoffensive vor der Invasion

Die wichtige Rolle der alliierten Luftstreitkräfte in bezug auf Gelingen oder Mißlingen des Unternehmens *Overlord* (der Invasion) wurde bereits im Sommer 1943 erkannt. Die kombinierte Bomberoffensive, die im Januar in Casablanca mit dem Ziel gebilligt worden war, die deutsche Wirtschaft zu zerstören und den Kampfeswillen der deutschen Bevölkerung zu untergraben, hatte nicht gleich zufriedenstellende Ergebnisse erbracht. Im Juli äußerte Eisenhowers Generalstabschef seine Bedenken:

„Das bedeutsamste Merkmal der deutschen Luftwaffe in Westeuropa ist die stetige Zunahme ihrer Jägerstärke, die so bedrohliche Ausmaße annehmen kann, daß sie ein Landungsunternehmen unmöglich machen kann, wenn dieses Wachstum nicht gebremst und ins Gegenteil verkehrt wird. Deshalb kommt es vor allem darauf an, die Gesamtstärke der deutschen Jagdwaffe in der Zeit bis zu einem Landungsunternehmen mit allen Mitteln zu reduzieren... Von dieser Voraussetzung hängt es in erster Linie ab, ob ein Landungsunternehmen zu irgendeinem Zeitpunkt mit Aussicht auf Erfolg stattfinden kann."

Im Monat zuvor war auf höherer Ebene festgestellt worden, falls es nicht gelinge, die Jagdwaffe des Feindes entscheidend zu schwächen, könne „die Durchführung der geplanten Zerstörungen sich als buchstäblich unmöglich erweisen". Ein neuer Plan, das Unternehmen *Pointblank*, wurde ausgearbeitet und stellte die Schwächung der deutschen Jagdfliegerei an die erste Stelle, während das Endziel der Bomberoffensive unverändert blieb.

Diese teilweise pessimistisch klingenden Schlußfolgerungen wurden von den Bomberkommandeuren nicht geteilt und spiegelten ein sehr bedeutsames neues Problem wider. Die Luftwaffen, vor allem ihre Bomberverbände, hatten den Krieg um eine neue Dimension erweitert. Trotz vorerst noch wenig schlüssiger Ergebnisse und des weiteren Wachstums der feindlichen Jagdwaffe waren die Kommandeure der alliierten Luftstreitkräfte der Überzeugung, das kriegsentscheidende Instrument in den Händen zu haben.

General Spaatz, der Befehlshaber der United States Strategic Air Force (USSTAF) hielt das Unternehmen *Overlord* schlicht für überflüssig. Sein britischer Kollege, Luftmarschall Harris, war der gleichen Meinung, und General Arnold, der amerikanische Luftwaffenvertreter bei den Vereinigten Stabschefs, war zu ähnlichen Schlußfolgerungen gelangt. Allerdings sprach sich keiner dieser Kommandeure gegen *Overlord* aus oder klagte über die Anforderungen, die das Unternehmen an ihre Einheiten stellte. Sie waren lediglich der Überzeugung, den Sieg durch eine Fortsetzung ihrer Luftangriffe erringen zu können.

Das Dritte Reich wurde im Rücken seiner Armeen zerschlagen und vernichtet. Die Schwerindustrie an Ruhr und Saar, Bergwerke, Ölfelder, Hydrieranlagen, Kugellagerfabriken, Straßen, Eisenbahnen, Städte und Dörfer wurden willkürlich immer mehr in Trümmer gelegt. Die für die Bomberoffensive Verantwortlichen waren sich über ihren Auftrag, nicht aber über ihre Ziele einig. General Spaatz hielt es für vordringlich, die deutsche Treibstoffproduktion lahmzulegen. Andere versprachen sich mehr von Angriffen auf Kugellagerfabriken. Und wieder andere wollten das Verkehrsnetz und den Kriegswillen der Deutschen treffen.

Diese Ansichten machten die Befehlshaber der strategischen Luftflotten blind für die taktischen Bedürfnisse der Armeen. Strategisch gesehen, erklärten sie, sei der Bomber dabei, den Krieg zu gewinnen; deshalb sei es altmodisch und kurzsichtig, ihn von strategischen Einsätzen abzuziehen. Die an den Grenzen des Reiches stehenden gewaltigen deutschen Armeen konnten nicht verhindern, daß Volk und Vaterland, die sie zu schützen gehabt hätten, systematisch vernichtet wurden.

Unterdessen wurden auf höchster Ebene ernste Befürchtungen geäußert. Anfang 1943 war durch Luftaufklärung und Spionage der Nachweis erbracht worden, daß die Deutschen Fortschritte bei der Entwicklung und Fertigung von Raketen und unbemannten Flugzeugen gemacht hatten, mit denen hochexplosive Sprengköpfe über Entfernungen von über 250 Kilometer befördert werden konnten. Solche Waffen konnten sich als äußerst wirkungsvoll erweisen und warfen neue Abwehrprobleme auf. Außerdem weckten die eigenen Fortschritte auf dem Weg zur Atombombe Befürchtungen, auch die Deutschen könnten der Entwicklung dieser Waffe nahe sein.

Diese neuen Tatsachen mußten im Überlebenskampf gegen einen Gegner erwogen werden, der voraussichtlich bis zum Letzten kämpfen und vor nichts zurückschrecken würde. Die ihrer Macht sicheren Bomberkommandeure übernahmen den dringenden Auftrag, auch die Startrampen der Raketen und „fliegenden Bomben" zu vernichten.

Luftmarschall Harris eröffnete die Offensive am 17. August 1943 mit einem Angriff von 571 schweren Bombern auf die deutsche Raketenversuchsanstalt Peenemünde. Aber die dort ausgebombten Fachleute General Dornbergers zogen in unterirdische Fabriken im Harz um und produzierten weiter – allerdings mit verringertem Ausstoß –, während die Abschußrampen immer zahlreicher wurden und ständige Überwachung und Luftangriffe erforderten.

Trotz anfänglicher Erfolge schienen die Alliierten selbst bis Ende März 1944 einen grimmigen Wettlauf mit der Zeit austragen zu müssen. Unterdessen war bekannt, daß die Deutschen eine abgewandelte Startrampe entwickelt hatten, die sich sehr leicht tarnen ließ. Viele dieser neuen Startrampen wurden am Ärmelkanal bei Calais und in der Normandie vermutet, aber die vielfältigen Anforderungen an die alliierten Luftstreitkräfte, als *Overlord* durchgeführt werden sollte, erschwerten konsequente Luftangriffe.

Die Alliierten neigten zu keinem Zeitpunkt dazu, diese Bedrohung zu unterschätzen, und der Stabschef des Oberbefehlshabers traf Anfang Dezember 1943 eine vorläufige Entscheidung. Die Dinge sollten zunächst bleiben, wie sie waren, aber erst am 28. März 1944

146 dieser Phoenix-Caissons wurden über den Kanal geschleppt und dienten als künstliche Häfen

In England vorfabriziert: Pier-Endstücke

Generalfeldmarschall Rommel inspiziert Verteidigungslinien am Atlantik

Die Amerikaner halten vor allem den Westen und Südwesten Englands „besetzt“

berichtete Eisenhower „aus einem Meer von Schwierigkeiten auftauchend", daß der drohende Angriff mit „Geheimwaffen" die Alliierten nicht daran hindern werde, „das Landungsunternehmen wie geplant aus Häfen an der Südküste zu beginnen, und daß die möglicherweise zu erwartenden Verluste es nicht erforderlich machen, eine Umgruppierung der westlich von Southampton stehenden Truppen zu versuchen".

Das Problem einer Truppenverschiebung von einem Küstenabschnitt zum anderen brachte mehr Risiken mit sich als die Gefahr, daß London und die Häfen an der Küste mit V1 und V2 angegriffen werden könnten. Die Alliierten mußten einfach riskieren, daß der Gegner versuchen würde, ihre Bereitstellungen zu zerschlagen.

Die Einstellung der „Bomberbarone" machte eine schwere Kommandokrise nach der Ernennung eines Oberbefehlshabers für das Unternehmen *Overlord* unvermeidlich. Auch General Eisenhower wies bald auf diese Tatsache hin: „Die strategischen Luftstreitkräfte sind praktisch die einzige Waffe, mit der der Oberbefehlshaber den Verlauf des Unternehmens, vor allem in der Sturmphase, beeinflussen kann."

Das war eine nüchterne Tatsachenfeststellung, und kein Oberbefehlshaber, der etwas taugte, konnte die Haltung der Kommandeure der strategischen Luftstreitkräfte akzeptieren und dadurch praktisch auf seine Befehlsbefugnisse verzichten. Ohne Befehlsgewalt über die Luftstreitkräfte wäre der Oberbefehlshaber lediglich ein Knopfdrücker gewesen: Er hätte das Unternehmen auslösen können, aber tage- oder gar wochenlang keine Möglichkeit mehr gehabt, in die Kämpfe einzugreifen.

In diesem Zusammenhang wirken Eisenhowers Erklärung Churchill gegenüber, er müsse „einfach nach Hause gehen“ (3. März), und seine nach Washington weitergeleitete Forderung, „falls diese Frage nicht sofort gelöst wird, werde ich um Enthebung von diesem Kommando bitten“ (22. März), durchaus nicht mehr launenhaft.

Tatsächlich mußte der Oberbefehlshaber 1944 in seiner Auseinandersetzung mit den Kommandeuren der strategischen Luftstreitkräfte, aber auch mit dem britischen Premierminister und den Vereinigten Stabschefs, die Binsenweisheit unterstreichen, daß Luft-, See- und Landstreitkräfte zu den drei Zinken einer einzigen Waffe geworden waren. Der Oberbefehlshaber mußte sie alle befehligen – und jede Teilstreitkraft mußte durch ihre Unterordnung auf einen Teil ihrer Individualität verzichten.

In Wirklichkeit waren die Forderungen, die *Overlord* und die kombinierte Bomberoffensive *Pointblank* an die Luftstreitkräfte stellten, keineswegs miteinander unvereinbar. Der Oberbefehlshaber hatte klargestellt, daß er durchaus nicht die Absicht hatte, sich beispielsweise in die Kampfführung des Coastal Command einzumischen. Er hatte auch nichts gegen die strategischen Ziele der Bomberkommandeure, aber er und sein Stab mußten das Recht haben, ihre Ansichten über den Einsatz der Luftstreitkräfte bei *Overlord* zu äußern und durchzusetzen – und die Luftstreitkräfte im letzten Vorbereitungsstadium des Landungsunternehmens und während der Invasion selbst ihrer Kontrolle zu unterstellen.

Deshalb kam es neben der etwas verworrenen Diskussion über die Befugnisse des Oberbefehlshabers auch zu

Auseinandersetzungen über die beste Art der Luftunterstützung für das Unternehmen *Overlord*. Der stellvertretende Oberbefehlshaber, Luftmarschall Sir Arthur Tedder, wurde zum Hauptverfechter des sogenannten „Transportplans“, während General Spaatz den „Ölplan“ verfocht. Die teilweise erbitterten Auseinandersetzungen, bei denen es auch um schwerwiegende politische Folgen ging, zogen sich in einer Atmosphäre „nervöser Besorgnis“ von Februar bis April 1944 hin.

Alle diese Schwierigkeiten wurden bis Mitte April vor allem durch die Bemühungen zweier der erfahrensten Luftwaffenoffiziere der Welt gelöst: Luftmarschall Sir Charles Portal, einer der Vereinigten Stabschefs, und Tedder, Eisenhowers Stellvertreter als Oberbefehlshaber.

Der „Transportplan“ bezweckte die Zerstörung des feindlichen Transportwesens, die Vernichtung von Eisenbahnen, Lokomotiven, Güterbahnhöfen, Ausbesserungswerken, Brücken und Straßen, so daß der Gegner keine Reserven an die Front bringen konnte. Nach Eisenhowers Überzeugung war das „der größte Beitrag“ zum Gelingen des Unternehmens *Overlord*, „den er sich vorstellen könne“, und Tedder setzte sich mit ganzer Kraft dafür ein.

Während den ganzen März lang erbittert diskutiert wurde, wurden beide Pläne bereits verwirklicht. *Pointblank*, eine Unterstützungsoperation für *Overlord*, war bereits vor neun Monaten angelaufen. Tedders „Transportplan“ wurde seit Jahresbeginn zumindest teilweise verwirklicht. Das bedeutete, daß keiner der beiden Pläne rein spekulativ war.

Der ursprüngliche Transportplan, den das Hauptquartier der Alliierten Expeditions-Luftstreitkräfte im Januar 1944 vorgelegt hatte, basierte auf einer Analyse von Professor Zuckerman. Er forderte einen 90tägigen Dauerangriff auf 72 sorgfältig ausgewählte Ziele, von denen 39 in Deutschland und 33 in Frankreich und Belgien lagen. Dieser Plan, aus dem durch das Eingreifen ziviler und militärischer Stellen ständig Ziele gestrichen oder durch andere ersetzt wurden, funktionierte in beschränktem Ausmaß, während die hitzigen Auseinandersetzungen weitergingen.

General Spaatz, Luftmarschall Harris und ihre Anhänger vertraten aus strategischer Sicht die These, es sei unsinnig und unverantwortlich, die Hauptbomberoffensive in dem Augenblick zu schwächen, in dem sie zu wirken beginne; außerdem seien Eisenbahnen und Güterbahnhöfe ausnehmend schwierige Ziele, die bis zum D-Day nicht wirkungsvoll genug angegriffen werden könnten.

Die Beurteilung der Anfangserfolge durch die Auswertungsstelle SHAEF G-2 und das Hauptquartier der 21. Heeresgruppe schien auf einen fast völligen Fehlschlag dieser Angriffe hinzuweisen. Noch am 9. Mai 1944 sprach die 21. Heeresgruppe, die in erster Linie mit den Angriffsergebnissen konfrontiert worden war, von „Nadelstichen gegen den Eisenbahnverkehr". Auch sie hielt den Transportplan für ziemlich wertlos.

Das war eine krasse Fehleinschätzung. Der deutsche Eisenbahnverkehr stand fast vor dem Zusammenbruch, denn es genügte nicht, nur vernichtete Lokomotiven und Waggons zu zählen. Hunderte von Lokomotiven, die äußerlich noch funktionsfähig erschienen, waren dringend überholungsbedürftig, und die Ausbesserungswerke hatten so starke Schäden erlitten, daß nur ein Bruchteil der beschädigten Lokomotiven und Waggons repariert werden konnte.

Trotzdem schienen die meisten Tatsachen zu einem Zeitpunkt, an dem Tedder sich vehement für den Transportplan einsetzte, gegen diesen Plan zu sprechen. Aber der Luftmarschall hielt aller Kritik stand, obwohl er die Schwierigkeiten dieses Unternehmens recht gut erkannte. Seiner Überzeugung nach lohnte es sich bereits, wenn es nur gelang, den feindlichen Eisenbahnverkehr bis zum D-Day um zehn Prozent zu verringern. Der Oberbefehlshaber und er blieben bei ihrer Auffassung, nur dadurch könnten die Luftstreitkräfte einen direkten Beitrag zum Gelingen von *Overlord* leisten.

Die Auseinandersetzungen und Gewissenserforschungen, die durch ständige Zielwechsel und den Einschluß von Straßen und Brücken erschwert wurden, hielten bis fast zum Vorabend der Invasion an – ebenso wie die hämischen, pessimistischen nachrichtendienstlichen Auswertungen der Bombenangriffe und die Berichte über den Haß, der dadurch „im Herzen der französischen Bevölkerung“ erzeugt werde. Beide Theorien waren jedoch hoffnungslos falsch.

Während auf höherer Ebene über Befehlsbefugnisse, Strategie und Taktik gestritten wurde, erfüllten die alliierten Luftstreitkräfte weiterhin die an sie gestellten hohen Anforderungen und setzten ihre Offensive unvermindert energisch fort. Gleichzeitig planten und übten sie die Verlegung von drei Luftlandedivisionen in die

Normandie. Selbst General Spaatz griff weiter seine Ölziele an, so daß man sich manchmal fragt, wozu die ganze Aufregung nötig gewesen war.

Im März 1944 entstand eine kleine Kommandokrise, als Luftmarschall Leigh-Mallory ein vorgeschobenes AEAF-Hauptquartier unter Luftmarschall Sir Arthur Conyngham einrichtete, das die direkte Unterstützung der Landstreitkräfte sicherstellen sollte. Daß die Bomberkommandeure dagegen Einwände erhoben, war nicht mehr als ein letzter Versuch, ihre Vorurteile zu artikulieren. Trotz allem lief das Unternehmen *Pointblank* am Vorabend der Invasion bereits zehn Monate lang. Bis Ende März verfolgte die kombinierte Bomberoffensive folgende Ziele:

1. Die Schwächung der deutschen Luftwaffe,
2. die allgemeine Verringerung des deutschen Kriegspotentials und
3. die Schwächung des Durchhaltewillens der deutschen Bevölkerung.

In der letzten Phase hatten die direkten Bedürfnisse von *Overlord* (Invasion) und *Neptun* (Landung in der Normandie) den Vorrang, wobei es um fünf Hauptziele ging. Die alliierten Luftstreitkräfte sollten

1. die Luftherrschaft erringen, um zu verhindern, daß die deutsche Luftwaffe die alliierten Operationen störte;
2. Gliederung und Bewegungen des Gegners unter ständiger Beobachtung halten;
3. die feindlichen Transport- und Nachschubwege zerstören, um Verstärkungen unmöglich zu machen;

4. gegen feindliche Seestreitkräfte offensiv werden und
5. die eigenen Luftlandetruppen über den Ärmelkanal transportieren.

Sobald das Landungsunternehmen angelaufen war, hatten die alliierten Luftstreitkräfte folgende Aufgaben:

1. Sie sollten die Invasionsflotte gegen Luftangriffe schützen und den Seestreitkräften bei der Abwehr feindlicher Angriffe von See her behilflich sein.
2. Sie sollten die Landungen vorbereiten, indem sie die dafür vorgesehenen Strände neutralisierten.
3. Sie sollten den Schutz der Landeköpfe und Schiffskonzentrationen vor Luftangriffen übernehmen.
4. Sie sollten das gegnerische Fernmeldenetz während der Landungen weitgehend lahmlegen, um die Führung feindlicher Verbände zu erschweren.

Zu allen diesen Aufgaben kam noch der Auftrag, die Angriffe gegen V-1-Abschußrampen und V-2-Startplätze zu verstärken, um die Gefahr zu verringern, daß diese Waffen gegen die alliierten Bereitstellungen und die massiven Schiffskonzentrationen eingesetzt wurden.

Zur Erfüllung dieser Aufgaben standen Luftmarschall Leigh-Mallory insgesamt 5677 Flugzeuge der amerikanischen 9. Luftflotte und der 2. Taktischen Luftflotte der Royal Air Force zur Verfügung. Davon waren 3011 leichte und mittlere Jagdflugzeuge und Jagdbomber; bei den restlichen Maschinen handelte es sich um Transporter, Lastensegler, Aufklärer und Artilleriebeobachtungsflugzeuge.

In der Zeit zwischen dem 9. Februar 1944 und dem D-Day griffen diese Maschinen gemeinsam mit den schweren Bombern der Bomberoffensive 80 Straßen- und Eisenbahnziele an, wobei 21949 Maschinen 76200 Tonnen Bomben abwarfen. 51 Ziele wurden zerstört, 25 schwer und die restlichen vier leicht beschädigt.

Am 6. März flog das Bomber Command den ersten Großangriff gegen Trappes, etwa 15 Kilometer südwestlich von Paris, und erzielte nach eigenen Angaben 190 Volltreffer. Bis zum D-Day waren die Eisenbahnstrekken in 250 Kilometer Umkreis um die geplanten Landeorte zu mindestens 75 Prozent unbenutzbar, und das gesamte Eisenbahnsystem Nordwesteuropas funktionierte nur noch sehr eingeschränkt. Auf Luftaufnahmen und selbst durch Beobachtung vom Erdboden aus war nicht zu erkennen, in welchem Zustand sich Lokomotiven und Rollmaterial befanden – sie existierten zwar noch, wurden aber oft nur mehr „durch den letzten Splint" zusammengehalten.

Anfang Mai eröffneten die taktischen Luftstreitkräfte eine Großoffensive gegen Züge und unterhalb von Paris über die Seine führende Straßen- und Eisenbahnbrükken. Schwere Angriffe wurden gegen Mantes-Gassicourt, Lüttich, Gent, Courtrai, Lille, Hasselt, Löwen, Boulogne, Orleans, Metz, Mülhausen, Reims, Troyes und Charleroi geflogen. Die Luftangriffe konnten ebensogut der Abriegelung der Meerenge von Calais wie der Normandie dienen und ließen keine Rückschlüsse auf das vorgesehene Landegebiet zu. Massive Angriffe auf Straßen- und Eisenbahnbrücken über die Loire folgten unmittelbar vor der Invasion, so daß am D-Day alle aufs Schlachtfeld führenden größeren Brücken zerstört waren.

Luftangriffe auf deutsche Funkmeßstationen, Funkstellen und Navigationssender legten das deutsche Nachrichtenwesen lahm und machten Luft- und Seeaufklärung praktisch unmöglich. Insgesamt 49 Küstenbatterien wurden ebenfalls mit einigem Erfolg angegriffen, während die Produktion der deutschen Flugzeugindustrie durch ständige Angriffe um etwa 60 Prozent verringert wurde. Andererseits war bekannt, daß seit Mitte November 1943 über 5000 deutsche Flugzeuge zerstört worden waren. Diese Tatsachen sowie die ständigen Angriffe auf deutsche Flugplätze und die deutschen Verluste an ausgebildeten Piloten sorgten dafür, daß von der Luftwaffe keine Gefahr für die Invasionstruppen ausging.

Ein wichtiger Nebeneffekt der Bomberoffensive gegen das Eisenbahnnetz war die Tatsache, daß 18 000 Mann der Organisation Todt von dringenden Ausbauarbeiten am Atlantikwall abgezogen werden mußten, um zu noch dringenderen Instandsetzungsarbeiten an Eisenbahnstrecken und -brücken eingesetzt zu werden.

In den letzten Wochen vor dem D-Day lagen die feindlichen Truppen, darunter viele Eliteeinheiten, fast hilflos unter den Tag und Nacht andauernden alliierten Luftangriffen.

Dieser kurze Abriß zeigt den überwältigenden Anteil der amerikanischen und britischen Luftstreitkräfte an der direkten Unterstützung der Landungen in der Normandie. Sie wurden äußerst wirkungsvoll aus der Luft unterstützt.

Die westlichen Alliierten

Die endgültige Vorstellung der kombinierten Planungen für den D-Day fand am 15. Mai 1944 unter SHAEF-Leitung in der Londoner St.-Pauls-Schule vor prominenten Gästen statt, zu denen der englische König, der Premierminister, Feldmarschall Smuts (der angesehenste „Ältere Staatsmann" des Britischen Weltreichs), die Vereinigten Stabschefs, der Oberbefehlshaber und seine Befehlshaber der drei Teilstreitkräfte gehörten.

Der Plan für die Invasion stammte von General Sir Bernard Montgomery, dem Befehlshaber der alliierten Landstreitkräfte, Admiral Sir Bertram Ramsay, dem Befehlshaber der alliierten Seestreitkräfte, und Luftmarschall Sir Trafford Leigh-Mallory, dem Befehlshaber der alliierten Luftstreitkräfte. Die Stäbe dieser drei Befehlshaber hatten fünf Monate lang mit äußerster Konzentration auf dem soliden Fundament weitergebaut, das Eisenhowers Generalstabschef und seine alliierten Mitarbeiter gelegt hatten.

Bis zum 15. Mai war der ursprünglich geplante Landekopf an der Viremündung nach Westen auf die Strände der Halbinsel Cotentin und nach Osten bis zur Orne ausgedehnt worden. Aus den anfangs drei Divisionen waren fünf geworden, die durch 14 Panzerregimenter, Commando-Einheiten und Special-Service-Truppen unterstützt werden würden.

War der Stabschef des Oberbefehlshabers noch davon ausgegangen, daß zwei Drittel einer Division auf dem Luftweg über den Kanal transportiert werden würden – wofür angeblich nicht genügend Flugzeuge vorhanden waren –, sah der Invasionsplan jetzt drei Luftlandedivisionen vor. Auch die der Marine zugewiesenen Aufgaben waren proportional gewachsen. Trotzdem blieb der Gesamtplan das Werk von General Walter B. Smith. Unmittelbar nach der Ernennung des Oberbefehlshabers und seines unermüdlichen Befehlshabers der Landstreitkräfte füllten Soldaten und riesige Mengen Kriegsmaterial, die Smith monatelang angefordert hatte, ohne eigentlich dazu „berechtigt“ zu sein, plötzlich Militärlager, Truppenübungsplätze, Geräteparks und Häfen.

Schon lange vor dem 15. Mai waren die südenglischen Häfen bis zum letzten Liegeplatz besetzt. Teile der Invasionsflotte ankerten im Humber, im Firth of Clyde und vor Belfast. Schiffe für die Geleitzüge nach dem D-Day lagen in schottischen Häfen. Die Handelsschiffahrt, ohne die Großbritannien nicht hätte überleben können, wurde zu den Themsehäfen umdirigiert. Selbst ein Gegner, der diese Vorbereitungen aus der Luft hätte beobachten können, wäre nicht aus ihnen schlau geworden.

Der Terminplan Q des Generalquartiermeisters war ein Meisterwerk logistischer Vorausplanung, das alle nur möglichen Anforderungen der Kommandeure bis weit über den D-Day hinaus berücksichtigte. Der militärische Erfolg würde davon abhängen, ob der Nachschub an Menschen, Maschinen und Munition reibungslos klappte. Dafür war wiederum ausschlaggebend, wie gut die „Mulberries“, die künstlichen Häfen, sich in der Praxis bewährten.

Schlußtag für alle Planungen – Y-Day – war der 1. Juni 1944. Der D-Day sollte möglichst bald danach folgen, wobei der früheste Termin Y plus vier war. Die für eine Landung unerläßlichen Voraussetzungen waren am 1. Mai von General Eisenhower und Admiral Sir Bertram Ramsay gemeinsam festgelegt worden. Wegen der vielen deutschen Minenfelder sowie der weit über die Niedrigwassergrenze hinaus angelegten verminten Hindernisse war eine Landung bei hereinkommender Flut gegen Tagesanbruch anzustreben. Nachts sollte möglichst der Mond scheinen.

Durch diese Überlegungen standen als mögliche Invasionstage der 5., 6. und 7. Juni fest. Der 5. und 6. Juni waren gleichgut geeignet, der 7. Juni eignete sich weniger gut. Danach waren die äußeren Verhältnisse erst am 19. Juni wieder brauchbar, obwohl dann kein Mond scheinen würde.

Eine möglicherweise notwendige Verschiebung um zwei Wochen, die ernste Konsequenzen haben würde, war in allen Einzelheiten durchdacht worden. In diesem Fall mußte eine Lawine aus Männern und Nachschubgütern aufgehalten werden: Die Invasionstruppen und ihr gesamtes Material waren dann bereits eingeschifft und befanden sich zum Teil schon auf See; eine weitere Million Soldaten, Panzer, Artillerie und Fahrzeuge sowie eine Million Tonnen Nachschub waren zu den Einschiffungshäfen in Marsch gesetzt; eine weitere Million, die bis über den Atlantik zurückreichte, stand hinter ihnen bereit.

Der Gedanke an eine Verschiebung jagte den Verantwortlichen einen kalten Schauer über den Rücken.

„Die durch eine Verschiebung um 12 bis 14 Tage auf die nächste geeignete Angriffsperiode aufgeworfenen Probleme sind zu beängstigend, um überhaupt durchdacht zu werden“, schrieb Admiral Ramsay. Trotzdem wurde auch diese Möglichkeit durchgespielt.

Am 8. Mai legte der Oberbefehlshaber gemeinsam mit seinen Befehlshabern den 5. Juni als vorläufigen Invasionstag fest. Marine und Luftwaffe hatten drei Wochen lang Seeminen gelegt, um die Geleitzüge zu schützen; jetzt stand die weit schwierigere Minenräumung bevor. Von dem bei der Royal Navy als „Piccadilly Circus“ bekannten Sammelpunkt „Area Z“ unmittelbar südlich der Insel Wight mußten zehn Fahrrinnen zur Normandie hinüber geräumt werden. Der Invasionszeitpunkt bedingte, daß der Gezeitenstrom anfangs stark nach Osten und später nach Westen ablaufen würde. Unter solchen Bedingungen waren noch nie Minen geräumt worden, und die Terminplanung erwies sich als äußerst schwierig. Insgesamt wurden für diese Aufgabe zwölf Minenräumflottillen zusammengezogen.

Die Rückkehr auf den Kontinent, die praktisch bereits am Strand von Dünkirchen geplant worden war, erhielt ihren eigentlichen Schwung durch General Montgomery, der später berichtete:

„Der Sturmangriff war ein Unternehmen, das einen koordinierten Aktionsplan unter einem Kommandeur erforderte; ich wurde deshalb Befehlshaber der alliierten Landstreitkräfte und war dem Oberbefehlshaber für Planung und Durchführung des militärischen Aspekts des Sturmangriffs sowie der Einnahme des Landekopfes verantwortlich."

Am 7. und 8. April 1944 fand im Hauptquartier Montgomerys ein zweitägiges Kriegsspiel über das Unternehmen *Overlord* statt, bei dem er seine Absichten präzisierte:

„Gleichzeitige Landungsunternehmen an Stränden der normannischen Küste unmittelbar nördlich der Bucht von Carentan sowie zwischen der Bucht von Carentan und dem Fluß Orne mit dem Ziel, als Ausgangspunkt für weitere Operationen einen Landekopf zu sichern."

Zu diesem Landekopf mußten so frühzeitig wie möglich Flugplätze südöstlich des wichtigen Verkehrsknotenpunktes Caen und der Hafen Cherbourg gehören. Montgomery erläuterte seinen Plan, der eine Kräftekonzentration an der Ostflanke vorsah, damit der Gegner seine Reserven hauptsächlich gegen die dort stehenden englischen und kanadischen Truppen einsetzte. Sobald die Deutschen sich im Osten festgerannt hatten, wollte er mit Bradleys amerikanischen Armeen weit ausholend zum Angriff übergehen, „um alle feindlichen Kräfte südlich der Seine abzuschneiden, nachdem die Brücken über diesen Fluß durch Luftangriffe zerstört worden" waren.

Die 1. US-Armee sollte mit drei Regimentskampfgruppen zu beiden Seiten der Bucht von Carentan angreifen, um Cherbourg zu nehmen und in Zusammenarbeit mit der englischen 2. Armee nach Süden in Richtung St. Lô vorzustoßen.

Die fünf Brigaden der englischen 2. Armee sollten

zwischen Asnelles und Ouistreham angreifen (die Kanadier in der Mitte) und einen Landekopf im Süden der Linie St. Lô-Caen sowie südöstlich von Caen besetzen, um den Alliierten Flugplätze zu sichern und die Ostflanke der 1. US-Armee zu schützen.

Beide Armeen würden durch speziell geschulte Pioniere, Panzer, Commandos und amerikanische Rangers unterstützt werden.

Die amerikanischen 82. und 101. Luftlandedivisionen sollten südöstlich und westlich von Ste.-Mère-Eglise auf beiden Ufern des aufgestauten Flüßchens Merderet abgesetzt werden, um die Übergänge zu sichern und bis zur Douve vorzustoßen. Dadurch würden sie die Landungen an der „Utah Beach" unterstützen und verhindern, daß der Gegner Verstärkungen auf die Halbinsel Cotentin warf.

Die englische 6. Luftlandedivision sollte östlich von Caen abgesetzt werden, um den Übergang über die Orne zwischen Bénouville und Ranville zu sichern.

Insgesamt sollten am D-Day 1500 Panzer, 5000 Kettenfahrzeuge, 3000 Geschütze und 10 500 Fahrzeuge vom Jeep bis zur Planierraupe an Land gebracht werden.

Die amerikanischen Truppen sollten aus Nachschubgründen an der rechten, der westlichen Flanke angreifen: Sobald Cherbourg und die Häfen in der Bretagne zur Verfügung standen, konnten die Amerikaner direkt aus der Heimat versorgt werden. Die Engländer würden ihren Nachschub über die Kanalhäfen und Antwerpen an Land bringen. Aber bis dahin waren die Invasionstruppen auf die beiden künstlichen Häfen und die fünf Wellenbrecher angewiesen.

Die Deutschen hatten im Westen unter dem Oberbefehl von Generalfeldmarschall von Rundstedt etwa 60 Divisionen stehen. Montgomerys unmittelbarer Gegner würde Generalfeldmarschall Rommel sein, dem die Heeresgruppe B mit der 7. Armee in der Normandie und der Bretagne, der 15. Armee an der Meerenge von Calais und in Flandern und dem LXXXVIII. Armeekorps in den Niederlanden unterstand. Die stärksten deutschen Truppenkonzentrationen hinter den stärksten Befestigungsanlagen standen an der Meerenge von Calais. Die Alliierten hatten es seit Monaten durch Täuschungsmanöver und gezielte Falschmeldungen verstanden, sie dort festzuhalten, wobei ihnen die Befürchtungen der Deutschen, die auf der einfachen Tatsache basierten, daß eine Gerade die kürzeste Verbindung zwischen zwei Punkten ist, zugute gekommen waren.

Seit seiner Ernennung zum Oberbefehlshaber der Heeresgruppe B hatte Rommel sich jedoch mit der ihm eigenen Energie um den Ausbau der Verteidigungsanlagen in der Seinebucht bemüht. Die schweren Küstenbatterien von Cherbourg und Le Havre, zu denen mindestens dreißig weitere kamen, konnten das gesamte Gebiet unter Kreuzfeuer nehmen. Hinter den zahlreichen Strandhindernissen und Minenfeldern lagen Panzerhindernisse, Bunker und ausgebaute Stellungen in einem zur Verteidigung ideal geeigneten Gebiet. Das Marschland um St.-Germain-de-Varreville, das heißt hinter „Utah Beach", war von besonders vielen Wasserläufen durchzogen, die das Gelände schwer passierbar machten.

Auch die Engländer und Kanadier hatten mit speziellen Problemen zu kämpfen: Das Gewirr von kleinen Dörfern war unmittelbar hinter der Küste durch ein Netz von Stützpunkten miteinander verbunden, und dahinter bildete die „Bocage“ – ein Labyrinth aus kleinen Feldern, hohen Hecken, Steilufern, Gräben und tief eingeschnittenen Wegen – einen 65 Kilometer breiten Todesstreifen, in dem Panzer nichts ausrichten konnten. Südöstlich von Caen begann die freie Ebene, an deren Eroberung jedoch am D-Day noch nicht zu denken und eine Planung noch nicht möglich war.

Luftmarschall Sir Trafford Leigh-Mallory erläuterte die vordringlichsten Aufgaben der englischen 2. und der amerikanischen 9. Taktischen Luftflotte im Rahmen des Unternehmens *Overlord.* Am Invasionstag würden die Luftstreitkräfte ständig mit zehn Jagdstaffeln – fünf englischen und fünf amerikanischen – über den Stränden sein. Sechs weitere Staffeln würden alarmbereit stehen, fünf Staffeln sollten die Invasion nach See hin abschirmen, und 33 weitere Staffeln würden als Eingreifreserve zurückgehalten werden.

Sobald kein Geleitschutz für die Transporter der Luftlandetruppen mehr nötig war, konnten insgesamt 171 Staffeln eingesetzt werden: 54 über den Landeköpfen, 15 auf See, 36 zur Erdkampfunterstützung, 33 für Jabo-Einsätze und als Begleitjäger für Bomber und 33 als Eingreifreserve.

Admiral Sir Bertram Ramsay definierte die Rolle der alliierten Seestreitkräfte am 10. April 1944 in seinem Operationsbefehl: „Aufgaben des Marineoberbefehlshabers sind die rechtzeitige Beförderung der Invasionstruppen zu ihren Küstenabschnitten, der Feuerschutz bei ihrer Landung und danach Unterstützung und rasche Verstärkung unserer bereits angelandeten Einheiten."

In runden Zahlen würden die Invasionstruppen etwa 5000 Schiffe und 4000 Landungsfahrzeuge einsetzen. Ihre Feuerkraft – von der schweren Artillerie der Schlachtschiffe und Kreuzer bis hinunter zu den Zerstörern, den Raketenwerfern, den Panzern und Geschützen an Bord der Landungsschiffe – war wahrhaft gewaltig.

Mit dem Unternehmen *Neptun* würde das Unternehmen *Overlord* eingeleitet werden.

Unterdessen hatten die Russen, die den Deutschen seit Anfang 1944 schwer zusetzten, die Flüsse Dnjepr und Bug überschritten und begannen am 8. April, als in der Londoner St.-Pauls-Schule die Pläne für den D-Day erörtert wurden, mit dem Angriff auf Perekop, mit dem Tolbuchin die Wiedereroberung der Krim einleitete. Gleichzeitig wurden die Russen über die Planung für die Invasion im Westen informiert und sollten ihre große Sommeroffensive auf das Landungsunternehmen der westlichen Allierten abstimmen. Mitte Mai näherte sich auch der lange Kampf um Italien seinem Ende.

Die Probleme, mit denen General Eisenhower sich auseinandersetzen mußte, waren erheblich differenzierter als alle, vor denen sein Stellvertreter, Luftmarschall Tedder, oder sein Befehlshaber der Landstreitkräfte, General Montgomery, standen. Als Vertreter und Sprachrohr der amerikanischen Vereinigten Stabschefs in Großbritannien führte er ständige Besprechungen mit dem englischen Generalstab und dem englischen Premierminister, bei denen es um hochpolitische und strategisch bedeutsame Entscheidungen ging. Außerdem war es seine Pflicht, nach Weisungen seiner Vorgesetzten in Washington zu handeln und ihre Ansichten zu vertreten, selbst wenn sie im Einzelfall nicht mit seinen eigenen übereinstimmten.

Der Oberbefehlshaber hatte eine erstaunliche Metamorphose hinter sich, durch die er aus seiner früheren Obskurität in eine Machtposition ersten Ranges gelangt war. Dieser Aufstieg bedeutete gleichzeitig, daß Eisenhower sich mit unzähligen Problemen befassen mußte, die nicht nur außerhalb seines Wissensbereichs lagen, sondern teilweise auch den Prinzipien seiner West-Point-Ausbildung widersprachen. Deshalb ist es nicht verwunderlich, daß er Mitte Mai Anzeichen von Arbeitsüberlastung erkennen ließ. Aber seine natürliche Schlichtheit und Geradlinigkeit retteten ihn auch über diese schwierige Phase hinweg.

Sofort nach seiner Ankunft in Großbritannien hatte Eisenhower sich daran gemacht, seinen Stab zu einer verschworenen Gemeinschaft zusammenzuschweißen, indem er auf absoluter Kooperation und der Unterdrükkung „nationaler Vorurteile" bestand. Das gelang ihm vorzüglich – nur auf höchster Ebene nicht. In seiner ersten Ansprache vor seinen Stabsoffizieren im Norfolk-House hatte er gesagt:

„Wir sind keine Verbündeten. Wir haben viele Verbündete unter den Vereinten Nationen, aber wir, die wir dieses große Unternehmen durchführen sollen, sind eine unteilbare Streitmacht, deren Elemente enger verflochten sind, als dies jemals zuvor der Fall gewesen ist."

Als loyaler Vorgesetzter konnte Eisenhower auf die Loyalität seiner Untergebenen zählen. Sein Generalstabschef, General Walter Bedell Smith, hätte mit seinem scharfen Verstand und seinem gesunden Pessimismus in jeder Armee der Welt eine hervorragende Stellung bekleidet. Als stellvertretender Generalstabschef kannte der englische General Morgan die Einzelheiten des Unternehmens *Overlord* wie kein anderer. Luftmarschall Tedder bewahrte den Oberbefehlshaber davor, sich um den Einsatz der Luftstreitkräfte kümmern zu müssen. General Sir Humphrey Gale beriet Eisenhower in Nachschubfragen, und der englische Generalleutnant Whiteley gehörte der Operationsabteilung an.

Eisenhowers Beliebtheit bei den englischen Truppen beruhte auf einer genauen Umkehrung der Eigenschaften, auf denen Montgomerys Popularität basierte. In Tausenden von Feldpostbriefen schilderten englische Soldaten die schlichte Uniform des Oberbefehlshabers, die keine Ordensbänder aufwies, seine zurückhaltende, freundliche Art und seine trotzdem spürbare Autorität. In Eisenhower lernten sie einen völlig neuartigen Generalstyp kennen, obwohl andererseits außer Zweifel stand, daß dieser Viersternegeneral ein energischer Vorgesetzter war.

Die wichtigsten Truppenbesuche, die der Oberbefehlshaber und sein Stab vor der Invasion machten, galten den Übungsplätzen von Generalleutnant Hobarts Panzern. Die 79. Panzerdivision war weit über die Stärke einer gewöhnlichen Panzerdivision hinausgewachsen. Ihre Sturmgruppen, die mit einer Vielzahl von eigentümlichen und neuartigen Panzerfahrzeugen ausgerüstet waren, sollten englischen und kanadischen Einheiten unterstellt werden und ihnen den Weg über die Strände freikämpfen. In den letzten Wochen waren Spezialfahrzeuge mit der Bezeichnung „Bobbins“ (Garnrollen) entwickelt worden, die einen drei Meter breiten, mit Rohren verstärkten Segeltuchteppich über weichen Dünensand legen konnten.

Eisenhower, Montgomery und Bradley ließen sich vorführen, was die sogenannten „Funnies“ leisten konnten. Die Übungen fanden unter realistischen Bedingungen statt, und Eisenhower war so beeindruckt, daß er am liebsten alle diese Spezialpanzer eingesetzt hätte. Bradley wirkte interessiert, wollte sich jedoch nicht festlegen. Aber Montgomery war entschlossen, die Fahrzeuge der 79. Panzerdivision einzusetzen: Er informierte sich über alle Einzelheiten, ließ die Einsatzmöglichkeiten analysieren und traf seine Wahl. Die Dreschflegel-Minenräumpanzer würden die Spitze der englischen und kanadischen Kolonnen bilden und dabei von Flammenwerferpanzern, DD-Schwimmpanzern und Panzerpionieren unterstützt werden. Bradley entschied sich seinerseits lediglich für den Einsatz von DD-Schwimmpanzern. Diese Entscheidungen sollten gravierende Folgen haben.

Im Mai 1944 standen elf amerikanische Divisionen, von denen nur eine Kampferfahrung besaß, in England. Diese eine Division war die amerikanische 1. Infanteriedivision, die im Mittelmeerraum gekämpft hatte und jetzt nicht mit Bradleys logischer Entscheidung einverstanden war, sie an die Spitze des Angriffs auf „Omaha Beach“ zu stellen. Die amerikanische 29. Division, die als erste nach Großbritannien gekommen war und daraus das Recht ableitete, den Angriff anführen zu dürfen, ließ wachsende Angst vor Verlusten erkennen.

General Bradley hatte ohne Zweifel eine schwere Last zu tragen, aber er versuchte nicht, sich vor seiner Verantwortung zu drücken. Seine Soldaten waren unerfahren, aber wenigstens gut ausgebildet und hervorragend ausgerüstet. Andererseits standen sie weit von der Heimat entfernt in einem fremden Land und sollten ein anderes fremdes Land angreifen. Dieses Unternehmen war voraussichtlich sehr gefährlich. Die Amerikaner hatten nicht das Gefühl, sich selbst oder sonst jemand zu befreien. Alles das war ganz natürlich.

Die psychologische Behandlung der amerikanischen Truppen durch ihr Oberkommando hätte sich auf englische Soldaten verheerend ausgewirkt. Die Amerikaner hörten Vorträge über die „Wunder der modernen Medizin auf dem Gefechtsfeld" und wurden durch Artikel in ihrer Armeezeitung angefeuert. Einzelne Soldaten, die besondere Angst vor Schock und Schmerzen bei Verwundungen erkennen ließen, wurden von ihren Kommandeuren in freimütigen Gesprächen moralisch aufgerichtet.

Zeitungsartikel schilderten die verwerflichen Ziele und Überzeugungen des Gegners und betonten, wie notwendig es sei, rücksichtslos gegen ihn vorzugehen, während Eisenhower seine Kommandeure aufforderte, „jeglichen etwa auftretenden Mangel an Kampfeswillen bei ihrer Truppe dadurch zu überwinden, daß Sie ihr die entscheidende Bedeutung des Sieges über die Deutschen erklären".

Auf militärischer Ebene war die sorgfältige Einweisung der Soldaten methodisch gut, realistisch und auf den ersten Blick wertvoll. Maßstabgetreue Nachbildungen der jeweiligen Strandabschnitte führten jedem Mann vor Augen, welche Rolle er dort zu spielen hatte. Gleichzeitig wurden in der letzten Maiwoche die letzten Vorbereitungen getroffen, die selbst dem Harmlosesten beweisen mußten, daß die Invasion bevorstand. Zehntausende von Fahrzeugen wurden wasserfest abgedichtet, Invasionsgeld und Tabletten gegen Seekrankheit ausgegeben und Waffen überprüft. Ende Mai begann die Verladung von Menschen und Maschinen auf Schiffe, und aus den entferntesten Häfen Großbritanniens liefen einige der wichtigsten an *Neptun* beteiligten Einheiten aus, um den Sammelpunkt im Süden der Insel anzusteuern.

In der Nacht zum 3. Juni liefen die beiden Kleinst-U-Boote X 20 und X 23 unter Befehl von Leutnant zur See Honour um 22.15 Uhr durch das Osttor der Netzsperre vor Portsmouth und schlossen sich ihren Begleittrawlern zur Überfahrt nach Frankreich an. Am frühen Morgen des 3. Juni tauchten sie vor der französischen Küste, um den Feind zu beobachten, ohne selbst gesehen zu werden. Das Wetter – der einzige wichtige Faktor, auf den die Invasionsplaner keinen Einfluß hatten – hatte sich stark verschlechtert.

In den letzten Tagen vor der Invasion konnte sich niemand, der in Großbritannien auch nur im geringsten an den Vorbereitungen zu *Overlord* beteiligt war, vorstellen, daß noch andere Dinge existieren könnten. Das Unternehmen an sich schien „total" zu sein. Um die alliierte Invasion über den Ärmelkanal hinweg jedoch richtig beurteilen zu können, muß man sie in der Perspektive des „totalen Krieges" sehen.

Die Vereinigten Staaten hatten den Höhepunkt ihres

Kriegseinsatzes noch nicht erreicht; sie kämpften nicht nur in Europa, sondern auch im Pazifik und schmiedeten bereits Pläne für eine Invasion Japans, vor der selbst *Overlord* zu einem vergleichsweise unbedeutenden Unternehmen herabgesunken wäre. In Italien kämpfte eine amerikanische Armee unter dem englischen Feldmarschall Alexander gemeinsam mit Engländern, Kanadiern, Exilpolen und Freien Franzosen und bereitete sich auf die nächste große Offensive vor, durch die Rom genommen werden sollte.

Im Vergleich zu Amerika mit seinen scheinbar unerschöpflichen Menschen- und Materialreserven führte Großbritannien einen verzweifelten Kampf gegen die Zeit. Es kämpfte seit vier Jahren mit vollem Einsatz im Atlantik, im Polarmeer, im Indischen Ozean, im Mittelmeer und in vielen kleineren Meeren. Seine Heere hatten in Nordafrika und großen Teilen des Mittleren Ostens gekämpft, waren auf Sizilien gelandet, hatten halb Italien besetzt und kämpften sich durch die tropischen Dschungel Südostasiens. Das verarmte, ausgeblutete England, das sogar um seine Souveränität fürchten mußte, konnte nur noch auf einen raschen Sieg hoffen. Seine Position hatte sich stetig verschlechtert, so daß es jetzt mehr seinen Freunden als seinen Feinden ausgeliefert war, und es hatte den Punkt erreicht, an dem es sich nur noch zu einer letzten großen Anstrengung aufraffen konnte.

Aber die Gegenwart ließ wenig Zeit für Zukunftsüberlegungen. Während der abschließenden Vorbereitungen für die Invasion in Nordwesteuropa mußten die Vereinigten Stabschefs und die Regierungschefs sich mit unzähligen Problemen herumschlagen. So weigerte sich beispielsweise General de Gaulle, wegen der Nichtanerkennung seiner Exilregierung erbittert, in letzter Minute, französische Verbindungsoffiziere mit den Alliierten nach Frankreich zu entsenden. Auf anderer Ebene wurde über die Strategie im Pazifik diskutiert, die Indien und Australien betraf. Im Mai 1944 trat in London die Konferenz der Dominion-Premierminister zusammen.

Ein willkürlich herausgegriffenes Beispiel aus dem Kriegstagebuch beleuchtet einige der Ängste, von denen Premierminister Churchill geplagt wurde. Am 12. April betonte er Präsident Roosevelt gegenüber, welchen großen Beitrag der Italienfeldzug zum Gelingen von *Overlord* leisten werde. Immerhin seien in Italien 35 erstklassige deutsche Divisionen gebunden, so daß einige Täuschungsmanöver genügen müßten, um die wenigen deutschen Divisionen in Südfrankreich zu fesseln. Wie sollte eine dort stattfindende alliierte Landung den Kampf um die Normandie beeinflussen können?

Alle diese Argumente waren bereits vorgebracht worden. Die Vereinigten Staaten wollten sich jedoch auf keine Diskussionen mehr einlassen. Sie würden ihren Willen durchsetzen – nicht nur in Südfrankreich, sondern auch in Italien, sogar in Großbritannien und Westeuropa. Nicht umsonst hatte Amerika eingewilligt, „Deutschland zuerst“ niederzuwerfen, bevor es sich Japan zuwandte.

Die Stimme Englands verhallte ungehört.

Der Gegner

Im Sommer 1942 erreichte und überschritt das Dritte Reich den Zenit seiner militärischen Macht. Schon im Herbst des gleichen Jahres setzte ein deutlicher Niedergang ein.

Fraglich war jetzt nicht mehr, ob Hitlers Deutschland zerbrechen würde; fraglich waren nur noch Art und Zeitpunkt dieses Zusammenbruchs. Es gab Deutsche, Berufssoldaten wie von Brauchitsch und Beck, vielleicht sogar von Rundstedt und Halder, Idealisten wie Graf von Stauffenberg und Pastoren wie Niemöller, die diese Tatsache von Anfang an erkannten oder rasch einsahen, aber über ihnen allen thronte ein Wahnsinniger, der den Deutschen Verstand und Mut raubte.

Während die Militärmacht Deutschlands abnahm, regierte Hitler als unumschränkter Alleinherrscher. Generaloberst Franz Halder, bis 1942 Generalstabschef des Heeres, sagte nach dem Krieg aus, es habe keine Planungen über den Oktober 1942 hinaus gegeben, „weil sie nur zu Schlußfolgerungen geführt hätten, die Hitler nicht akzeptiert hätte“. Von Oktober 1942 an opferte Hitler eine deutsche Armee nach der anderen, ohne daß ihn jemand daran hätte hindern können.

Die Gesamtstrategie der westlichen Alliierten wurde durch die teilweise divergierenden Interessen der drei Hauptverbündeten verwässert, aber sie existierte zumindest – im Gegensatz zu der Situation beim Feind, der stets nur reagierte. In Afrika konnte Rommel, der nie ausreichend unterstützt wurde, den zum Greifen nahen Sieg in Ägypten nicht erringen, wurde im Stich gelassen und mußte das Afrika-Korps in Tunesien opfern. An der Ostfront wurden ganze Armeen von den Russen aufgerieben; allein in Stalingrad verlor die Wehrmacht unter Generalfeldmarschall Paulus 250 000 Mann. Aber erst der Fehlschlag des von Generalfeldmarschall List geführten deutschen Unternehmens gegen den Kaukasus bewirkte eine Veränderung bei Hitler. B. H. Liddell Hart gegenüber hat General Walter Warlimont in einem längeren Gespräch Hitlers Reaktion geschildert: „Ich bin davon überzeugt, daß Hitler, als er mit der tatsächlichen Lage nach Abschluß der zweiten Rußlandoffensive konfrontiert wurde, plötzlich erkannte, daß er sein Ziel im Osten niemals erreichen und daß der Krieg eines Tages verlorengehen würde."

Dieses Urteil basiert nicht nur auf der Aussage Warlimonts, sondern wird von Jodl und vielen anderen bestätigt – vor allem von den historischen Tatsachen. Im Jahre 1943 erlitt die Wehrmacht zwangsläufig erschrekkende Verluste. Da sie keine Siege mehr erringen konnte, mußte sie Niederlagen hinnehmen. Eine andere Möglichkeit gab es nicht. Die Zahl der Divisionen blieb gleich; ihre Qualität und Stärke nahmen immer rascher ab.

Unterdessen hatte das Jahr 1943 den Alliierten den Sieg im Atlantik und im Mittelmeer gebracht und die Zerschlagung der deutschen Industrie und die stetige Schwächung der deutschen Luftwaffe eingeleitet. An der

Ostfront verbluteten weitere deutsche Armeen, bis ein Punkt erreicht war, an dem nach dem Scheitern der letzten deutschen Offensive ein einziger großer Rückzug einsetzen mußte.

Schon bei Beginn des Rußlandfeldzuges waren die im Westen stehenden deutschen Verbände viel zu schwach für die Verteidigung der 4500 Kilometer langen Küstenlinie. Feldmarschall von Rundstedt, der 1941 als Oberbefehlshaber der Heeresgruppe Süd aus dem Westen an die Ostfront gekommen war, gestand später ein, ihm sei der Gedanke an diese unzulängliche Rückendeckung stets unbehaglich gewesen. Bei seiner Rückkehr in den Westen fand Rundstedt die dortige Lage 1942 wenig zugunsten der Deutschen verändert vor. Frankreich war in diesem Jahr als Erholungsgebiet für an der Ostfront angeschlagene Divisionen benützt worden. Von den 50 bis 60 dort stehenden Divisionen konnten bestenfalls 25 als voll verwendungsfähig eingestuft werden – und auch sie erreichten nur selten ihre Soll-Stärke.

Ab 1942 wurden in die deutschen Divisionen fremdvölkische Bataillone eingegliedert, was teilweise so weit ging, wie Milton Shulman feststellte, daß in einem einzigen deutschen Regiment acht verschiedene Arten von Soldbüchern existierten. In manchen Divisionen machten diese von deutschen Offizieren geführten nichtdeutschen Freiwilligen zehn Prozent der Stärke aus – in einigen wenigen waren es sogar 25 Prozent.

Wie auf den ersten Blick zu erkennen ist, hätte Rundstedt für die Verteidigung von 4500 Kilometern Küste nicht 50 oder 60 Divisionen, sondern mindestens zehnmal mehr haben müssen. Um eine wirksame Verteidigung zu gewährleisten, hätte alle fünf bis zehn Kilometer eine Division stehen müssen. Verteidigungsabschnitte von 70 bis 100 Kilometer Länge ließen sich unmöglich halten. Für die Deutschen ging es deshalb darum, Ort und Zeitpunkt der anglo-amerikanischen Invasion so gut wie möglich zu erraten. Das bedeutete wiederum, daß weite Küstenstriche unverteidigt bleiben mußten – und daß das Problem des Einsatzes von Reserven fast unlösbar wurde.

Nach unerschütterlicher Überzeugung Feldmarschall von Rundstedts war die alliierte Invasion an der Meerenge von Calais – vermutlich auf beiden Ufern der Somme – zu erwarten, weil dort der Ärmelkanal am schmalsten war, was das Übersetzen und den Schutz der Invasion aus der Luft erleichtern würde, und vor allem weil dies der kürzeste Weg zum Rhein und nach Berlin war. Die Tatsache, daß dies das logischste Gebiet für eine Invasion war, sprach nicht gegen einen Angriff in diesem Bereich, und von Frankreich aus stellte sich die Lage ganz anders dar als von England aus.

Während die Alliierten die Stärke der deutschen Befestigungen sahen, war Rundstedt sich nur allzu gut über ihre Schwächen im klaren. Auch wenn der „Atlantikwall" mehr als „eine von der Propaganda in die Welt gesetzte Illusion" war, für die Rundstedt ihn hielt, war er doch viel weniger gewaltig, als Hitler oder die Alliierten glaubten. Das zur Verfügung stehende Material und die Arbeitskräfte hatten nie genügt, um seine Vorstellungen zu verwirklichen, und selbst wenn sie verwirklicht worden wären, hätte das Schicksal der sehr starken Maginotlinie bewiesen, daß eine Befestigungslinie nur so stark wie ihre schwächste Stelle ist. Der Atlantikwall existierte lediglich an der Meerenge von Calais etwa in der Stärke, in der die deutsche Propaganda ihn stets schilderte.

„Nach dem Fall von Tunis im Mai 1943“, berichtete General Blumentritt, Rundstedts Generalstabschef, „wuchs Hitlers Besorgnis vor der Möglichkeit einer alliierten Landung in Südfrankreich. Tatsächlich war Hitler in diesem Jahr ständig auf dem Sprung – das eine Mal erwartete er eine Invasion in Norwegen, das andere Mal in Holland, dann in der Nähe der Somme, in der Normandie oder in der Bretagne, in Portugal, in Spanien, an der Adria. Besonders beschäftigte ihn die Möglichkeit einer Zangeninvasion mit gleichzeitigen Landungen in Südfrankreich und in der Bucht von Biskaya. Er fürchtete auch einen Schlag zur Einnahme der Balearischen Inseln, dem eine Landung bei Barcelona und ein Vormarsch nordwärts durch Frankreich folgen würde. Er stand so unter dem Eindruck einer befürchteten alliierten Invasion Spaniens, daß er die Entsendung starker deutscher Kräfte in die Pyrenäen anordnete, um ihr entgegenzutreten.“

Obwohl die Generale nicht alle Befürchtungen Hitlers teilten, mußten sie auf seine Ahnungen reagieren – vor allem wenn sie den Bereich der Sommemündung und der Normandie betrafen. Die großen Truppenverschiebungen, die im September 1943 in Südengland stattfanden, um die komplexen Truppenbewegungen für das Unternehmen *Overlord* zu üben und gleichzeitig die Deutschen zu täuschen, verfehlten ihren zweiten Zweck. Der alliierte Bluff war nach Rundstedts Auffassung „zu offensichtlich“, und die Deutschen schienen eher durch die in den besetzten Gebieten kursierenden Gerüchte als durch die von den Alliierten in die Welt gesetzten Geschichten beunruhigt zu sein.

Der Herbst 1943, der mit Stürmen und hohem Seegang begann, machte eine alliierte Invasion unwahrscheinlich und brachte den Verteidigern eine Atempause. Nun war eine Invasion voraussichtlich nicht vor Frühjahr 1944 zu befürchten. Bis dahin galt es, den Atlantikwall zu verstärken, die vor ihm angelegten Minenfelder zu vergrößern und die Ausbildung und bedauerlich uneinheitliche Bewaffnung der vorhandenen Truppen zu verbessern. Stationierung und Einsatz der Panzerreserve standen als schwierige Probleme am Horizont, an dem sich bereits abzeichnete, daß die Luftüberlegenheit der Alliierten keinen wirkungsvollen Einsatz dieser Reserven zulassen würde.

Im Laufe dieses Jahres war die französische Résistance wirkungsvoller geworden: Die Auseinandersetzungen zwischen einzelnen Widerstandsgruppen waren abgeklungen, und die gesamte Bewegung reagierte gut auf die Unterstützung und Leitung von England aus. Im Winter 1943/44 entwickelte die Résistance sich zu einem ernstzunehmenden Problem für die Deutschen, die ständig mit Sabotageakten gegen Verkehrsverbindungen rechnen mußten. So deuteten alle Anzeichen darauf hin, daß die Krise im Westen bevorstand. 1944 war das entscheidende Jahr, Westeuropa würde der Schauplatz sein, und das Frühjahr oder der Sommer würde die Invasion bringen.

Informationen, die die Deutschen in einem Bericht des

Außenministeriums vom 8. Januar 1944 über Ankara erreichten, gaben dem alliierten Invasionsplan den Decknamen *Overlock* und lieferten stichhaltige Beweise dafür, daß die Anglo-Amerikaner entschlossen seien, 1944 eine zweite Front zu eröffnen. Diese zweite Front werde sich jedoch „nicht auf dem Balkan“ befinden.

Einen Monat später hieß es in einer Ausarbeitung der Abteilung Fremde Heere West, 1944 sei eine Invasion außerhalb des Mittelmeerraumes zu erwarten, mit der die Entscheidung in Europa gesucht werde; sie werde deshalb mit allen zur Verfügung stehenden Kräften vorgetragen werden. Als Deckname werde vermutlich *Overlord* gebraucht. Die Absicht, starke Kräfte einzusetzen, gehe schon daraus hervor, daß die Alliierten erwarteten, dieses Unternehmen werde in verhältnismäßig kurzer Zeit die endgültige militärische Entscheidung herbeiführen.

In welchem Raum die Invasion stattfinden sollte, blieb vorerst ungeklärt, aber ein deutscher Abwehrbericht vom 21. Februar 1944 bestätigte, daß die häufig geäußerte Entschlossenheit, den Krieg 1944 zu Ende zu bringen, ein Kernpunkt der Operationsplanung des Gegners sei. Weiterhin stehe als Tatsache fest, daß die Entscheidung durch einen Großangriff in Westeuropa gesucht werden solle.

Die Deutschen rechneten im ersten oder dritten Viertel des bevorstehenden Jahres mit dem Angriff der Alliierten. Auf dem Balkan war offenbar keine Invasion mehr zu befürchten. Wenig später standen Zeitpunkt und Ort der Landung ziemlich fest: Mai bis August 1944 an der Meerenge von Calais – oder in der Normandie.

Die deutschen Stellungen am Atlantikwall werden z.T. von französischen Zivilisten gebaut

Posten am Atlantikwall

Die Zufahrtsstraßen werden vermint

„Denkmal" für die Organisation Todt

Panzersperren hinter dem Atlantikwall

Auf deutscher Seite werden Eisenbahnkanonen aus dem 1. Weltkrieg eingesetzt

Übungsalarm

Die Ernennung von Feldmarschall Rommel zum Inspekteur der deutschen Küstenverteidigung zwischen Dänemark und der spanischen Grenze machte 1943 die bereits schwierigen Befehls- und Unterstellungsverhältnisse noch schwieriger. General Blumentritt übertrieb vermutlich, als er Liddell Hart erklärte: „Die Armeen wußten bald nicht mehr, ob sie Rundstedt oder Rommel unterstanden, denn dieser wollte natürlich seine Vorstellungen von Küstenverteidigung in die Praxis umsetzen."

Rommels direkter Draht zu Hitler verschaffte ihm großen Einfluß, aber andererseits steht außer Zweifel, daß er Rundstedt als Oberbefehlshaber West respektierte und peinlich genau auf die Einhaltung der vorgeschriebenen Formen achtete. Auf der anderen Seite lobte Rundstedt, der Rommel für keinen großen Strategen hielt, seine Tapferkeit und Loyalität. In den Händen eines Parteisoldaten hätten die Rommel übertragenen Befugnisse dem Oberbefehlshaber West das Leben sauer machen können.

Wie vorauszusehen gewesen war, blieb die Situation unbehaglich, bis Rommel unter Rundstedts Oberbefehl die Führung der Heeresgruppe B übernahm, die den überragend wichtigen Küstenabschnitt von der deutsch-holländischen Grenze bis zur Loire zu verteidigen hatte. Mit der Ernennung von Generaloberst Blaskowitz zum Oberbefehlshaber der Heeresgruppe G, die für die Biskaya und die französische Mittelmeerküste verantwortlich war, wurde das Problem der Befehlsgewalt über die Landstreitkräfte eindeutig – wenn auch unbefriedigend – gelöst.

Rommel, der wie Hitler der Ansicht war, die Alliierten

würden hauptsächlich in der Normandie landen, und die Auffassung verfocht, der Gegner müsse schon auf See und spätestens am Strand bekämpft und vernichtet werden, wollte die Panzerverbände in der Nähe des voraussichtlichen Landegebiets stationieren, um sofort einen massiven Gegenschlag führen zu können. Er hatte die alliierte Luftherrschaft in Nordafrika schmerzlich zu spüren bekommen und wußte, was Panzerkolonnen bevorstand, die angesichts einer übermächtigen feindlichen Luftwaffe tagsüber zu marschieren versuchten. Falls die Panzer nicht gleich an der Küste standen, würden sie das Invasionsgebiet voraussichtlich nicht erreichen – und ganz bestimmt nicht zur rechten Zeit. Jedenfalls war es unmöglich, Panzerkolonnen tagsüber marschieren zu lassen.

Niemand bezweifelte das Ausmaß der alliierten Luftüberlegenheit, die sich Tag und Nacht manifestierte, aber weder Rundstedt noch die Panzergenerale teilten Rommels Auffassung von einer erfolgversprechenden Abwehrtaktik in dem seiner Überzeugung nach wahrscheinlichen Invasionsgebiet. Rundstedt dachte an massive Gegenangriffe, sobald die Invasionstruppen die erste Verteidigungslinie an der Küste durchbrochen hatten. Außerdem glaubte er nicht wie Rommel an eine Invasion in der Normandie und war nicht bereit, der Stationierung der Panzerreserve in der Nähe des von Rommel vermuteteten Invasionsgebiets zuzustimmen. Falls Rommel seinen Willen bekam, konnte die überlegene feindliche Luftwaffe jegliche Verschiebung der Panzerverbände für den Fall unmöglich machen, daß die Invasion doch an der Meerenge von Calais stattfand.

General Guderian, der Generalinspekteur der Panzertruppen, dem die Lage im Osten und Westen Sorgen machte, frühstückte Anfang Januar 1944 mit Hitler und sprach bei dieser Gelegenheit drängend von der Notwendigkeit, die Ostfront zu stärken und dringend benötigte Reserven für den Westen freizugeben. Diese Forderung löste einen der für Hitler typischen Wutausbrüche aus.

„Glauben Sie mir, ich bin der größte Festungsbauer aller Zeiten!“ tobte Hitler. „Ich habe den Westwall gebaut; ich habe den Atlantikwall gebaut...“ Dann überschüttete er Guderian mit statistischen Angaben über den Atlantikwall, den er nie besichtigt hatte und der hauptsächlich in seiner Einbildung existierte.

Guderian besichtigte dann die deutschen Truppen im Westen und war besorgt, als er hörte, wo und wie nahe der Küste Rommel seine Panzerdivisionen aufstellen wollte. Im Führerhauptquartier berichtete er Hitler über Rommels Verteidigungsmaßnahmen und erklärte ihm, er halte „es für gefährlich, die Panzerdivisionen hart an die Küstenverteidigung heranzurücken, da sie dadurch ihre Beweglichkeit verlieren würden“. Hitler weigerte sich, die Anordnungen des dortigen Oberbefehlshaber zu widerrufen, und empfahl Guderian, nochmals mit Rommel darüber zu sprechen.

Guderian und General Geyr von Schweppenburg, der die im Westen stehenden Panzertruppen kommandierte, suchten Rommel in dessen Hauptquartier in La Roche-Guyon auf. Der Feldmarschall erläuterte ihnen seine Ansichten, war aber nicht bereit, über ihre Richtigkeit zu diskutieren. Er war nicht nur davon überzeugt, daß die Invasion in der Normandie stattfinden werde, sondern vertrat auch die Ansicht, der Gegner müsse vernichtet werden, bevor es ihm gelungen sei, in Frankreich Fuß zu fassen. Falls Rommel seinen Willen bekam, traute er sich zu, die Invasion im Wasser und am Strand so nachhaltig abzuwehren, daß die Alliierten mindestens ein Jahr lang keinen weiteren Landungsversuch mehr würden unternehmen könne. Und falls diese Annahmen, die er mit Hitler teilte, stimmten, mußte er darauf bestehen, die Panzerdivisionen weit vorn einzusetzen. Das damit verbundene Risiko war zugegebenermaßen groß, aber für die Verteidiger gab es keine andere Möglichkeit. Im Gegensatz zu Rundstedt war Rommel keineswegs der Meinung, ein Bewegungskrieg im Westen könne von den Deutschen gewonnen werden.

Hitler beharrte unterdessen auf seiner Intuition, die durch die Bereitstellung der alliierten Truppen im Südwesten Englands untermauert wurde, daß die Normandie das Hauptziel der Invasoren sein werde, die vor allem versuchen würden, den Hafen Cherbourg in ihren Besitz zu bringen. Aber die quälende Möglichkeit einer zweiten Landung – selbst in kleinerem Maßstab – an anderer Stelle beeinflußte ihn immer mehr, so daß Hitler zuletzt in viel stärkerem Maße als die Befehlshaber im Westen zu schädlichen Kompromissen neigte.

Guderian hatte einen dritten Versuch unternommen, Hitler von der Gefährlichkeit der von Rommel geplanten Panzeraufstellung zu überzeugen, aber Anfang Mai appellierte Geyr, der befürchten mußte, Rundstedt neige allmählich zu Rommels Auffassung, selbst an Hitler. Er wollte die Masse seiner Panzerverbände im Norden und Süden von Paris zurückhalten, und Hitler wurde schwankend. Das Ergebnis war ein katastrophaler Kompromiß, nach dem vier Panzerdivisionen als OKW-Reserve zurückgehalten werden sollten. Das bedeutete eine Schwächung von Rundstedts Verteidigungsbereitschaft, denn der alte Feldmarschall, dem bereits nicht gestattet worden war, durch Truppen aus dem Süden eine Infanteriereserve in der Normandie zu bilden, konnte nun keinen wirksamen Schlag gegen die landenden Alliierten führen, ohne zuvor das Oberkommando der Wehrmacht um Erlaubnis zu fragen.

Während Rommel, dem es begreiflicherweise darum ging, in der Schlacht, die seine Truppen zu schlagen hatten, allein befehlen zu können, sich in einer Lage befand, die der Montgomerys ähnlich war, ließ sich Rundstedts Position keineswegs mit Eisenhowers vergleichen. Rundstedt hatte nicht nur nicht alle Landstreitkräfte unter seiner Kontrolle, sondern mußte die Unterstützung durch Luftwaffe und Kriegsmarine „anfordern", wenn er sie brauchte. Es gab keinen gemeinsamen Stab, der die Abwehrmaßnahmen der drei Wehrmachtsteile koordiniert hätte. So unterstanden beispielsweise die Küstenbatterien, die bei der Abwehr einer Invasion eine wichtige Rolle spielen würden, der Kriegsmarine. Die Tatsache, daß Luftwaffe und Kriegsmarine nur noch unbedeutende Rollen spielen konnten, machte eine Zusammenfassung aller Abwehrkräfte nicht etwa weniger wichtig, sondern im Gegenteil um so bedeutsamer.

Admiral Theodor Krancke, der Oberbefehlshaber der Marinegruppe West, verfügte lediglich über etwa 60 kleinere Einheiten, die wegen der unaufhörlichen alliierten Luftangriffe in ihren Häfen festlagen. Gefechte im

Ärmelkanal verringerten seine Zerstörerflottille auf zwei einsatzbereite Schiffe. Ansonsten verfügte er über zwei Torpedoboote, 31 Schnellboote und eine Handvoll Vorpostenboote und Minenräumer. Dazu sollten 15 der in Atlantikhäfen liegenden kleineren U-Boote kommen, die ihm jedoch nicht direkt unterstanden. Wie sich dann herausstellte, konnte selbst diese kleine „Flotte" nicht zum Kampf gegen die Invasionsflotte auslaufen.

Auch die deutsche Luftflotte 3 unter Befehl von Generaloberst Otto Deßloch hatte den Alliierten nichts Gleichwertiges entgegenzusetzen. Da sie auf unzulänglich ausgebildete Piloten zurückgreifen mußte und über immer weniger Maschinen verfügte, ging ihre Kampfkraft ständig weiter zurück. Anfang Juni 1944 bestand die Luftflotte 3 aus etwa 400 „theoretisch" einsatzbereiten Flugzeugen der 4. und 5. Fliegerdivision des II. Fliegerkorps. Die Maschinen der 4. Fliegerdivision sollten in erster Linie zur Reichsverteidigung eingesetzt werden; sie standen jedoch auch zur Abwehr alliierter Landungen zur Verfügung. Wie sich dann zeigte, verfügten weder das II. Fliegerkorps noch seine Divisionen über genügend Flugzeuge, um an der Invasionsfront spürbar eingreifen zu können. Die versprochenen „Jagdgeschwader" aus dem Reich blieben aus. Nur wenige der jungen Piloten kannten Frankreich; die meisten von ihnen wurden nach zu kurzer Ausbildung in den Kampf geworfen. Der Chef des Stabes des II. Fliegerkorps schätzte die Zahl der einsatzbereiten Maschinen kurz nach der Invasion auf nicht mehr als 50.

Das bedeutete, daß die Alliierten zu Wasser und in der Luft keine Gegenwehr zu erwarten hatten, und Rommel machte sich wenig Illusionen über seine Aufgabe. Die Lage war sehr ernst: Die deutschen Streitkräfte im Westen, die unaufhörlich aus der Luft angegriffen wurden, denen es an Ausbildung, Nachschub und Transportmitteln fehlte und die durch die Zerstörung der deutschen Funkmeßstationen ihre „Augen" und „Ohren" verloren hatten, standen allein auf sich gestellt und warteten auf die Invasion.

Feldmarschall Rommel widmete seine gewaltige Energie fast ein halbes Jahr lang der Aufgabe, die Küstenbefestigungen von Cherbourg bis zur Somme uneinnehmbar zu machen, wobei er sich möglichst auf die Normandie konzentrierte. Sein gesunder Pessimismus, seine unkonventionelle Art, die Dinge zu beurteilen, ohne wie Rundstedt und die Generäle der alten Schule von orthodoxen militärischen Theorien beeinflußt zu sein, und vielleicht sogar die im Unterbewußtsein vorhandene Erkenntnis, daß es für Deutschland keinen Kompromiß geben würde, solange Deutschland gleichbedeutend mit Hitler war, sagten ihm, daß der Angreifer bei der Landung zurückgeschlagen werden mußte. Vielleicht wußte er auch, daß das eine vergebliche Hoffnung war – aber es gab keine andere.

Nichts läßt darauf schließen, daß Rommel etwas gegen einen Bewegungskrieg gehabt hätte. Er war sich nur darüber im klaren, daß die Deutschen ihn verlieren würden. Seiner Ansicht nach war es unsinnig, wie Rundstedt zu glauben, die Alliierten würden sich auf jeden Fall einen Landekopf auf dem Kontinent sichern können, um den herum der Kampf um die Normandie entbrennen würde. In *Cross-Channel Attack* hat Gordon

Harrison dazu bemerkt: „Die Meinungsverschiedenheit war im wesentlichen eine Folge der unterschiedlichen Beurteilung des Möglichen ... Rundstedt war wie Sodenstern (Oberbefehlshaber der 19. Armee) deutlich optimistischer ...“

Für Rommel war dieser Zweckoptimismus nur eine andere Form der Verzweiflung, die auch Hitler, der die Zeichen der Zeit erkennen mußte, nicht fremd war. Blumentritt hat berichtet, daß Weisungen aus dem OKW damals häufig mit der Formel begannen: „Der Führer befürchtet ...“

Hitlers Befürchtungen konzentrierten sich auf die Normandie, aber während Rommel als Realist an Truppen und Nachschub, Beton und Minen, Waffen und Munition dachte, war Hitler ein Visionär, der schemenhafte Gestalten sah und Entwicklungen vorausahnte. Er unterstützte Rommel nie wirkungsvoll genug, obwohl er Warlimont und anderen gegenüber eingestand: „Der Krieg ist verloren, wenn es uns nicht gelingt, die Invasion aufzuhalten und den Feind ins Meer zurückzuwerfen.“

Hitler hatte großes Vertrauen zu Rommel, aber seine ganze Unterstützung für ihn bestand aus der Entsendung einiger Panzerjäger- und Flakeinheiten in die Normandie. Amerikanische Truppenkonzentrationen und Landungsübungen in Südwestengland machten eine Invasion in der Normandie immer wahrscheinlicher, aber Hitler zögerte noch immer. Weder er noch sonst jemand dachte an die Möglichkeit, daß die Alliierten künstliche Häfen über den Kanal schleppen könnten.

Entscheidend für die Unschlüssigkeit in bezug auf die Stationierung der Panzerreserve war die Befürchtung, die Normandie könne nicht das Landegebiet sein – oder zumindest nicht das einzige. Die drastisch eingeschränkte Beweglichkeit der deutschen Armeen im Westen bereitete ihren Oberbefehlshabern schlaflose Nächte. Nach Rommels Überzeugung konnten die alliierten Luftstreitkräfte Truppenbewegungen in der Schlacht nicht unterbinden, aber sie hatten die deutschen Truppen bereits unbeweglich gemacht und zu statischen Rollen verdammt.

Es war unmöglich, daraus das Beste zu machen. Trotz wiederholter Forderungen erhielt Rommel nicht die Befehlsgewalt, die er gebraucht hätte, um seine Absichten auch nur einigermaßen verwirklichen zu können. Wenn er Arbeiter und Baustoffe brauchte, konnte er nicht „befehlen“, sondern mußte auf dem Dienstweg anfordern. Da die Organisation Todt mit Befestigungsarbeiten an der Meerenge von Calais ausgelastet und nicht mehr imstande war, die durch alliierte Luftangriffe zerstörten Verkehrsverbindungen instand zu setzen, ließ Rommel seine Soldaten Befestigungen bauen, was ihre weitere Ausbildung beeinträchtigte. Manche Einheiten arbeiteten drei Tage in der Woche und hatten außerdem viel Wachdienst zu leisten.

Im Februar 1944 erließ Rommel eine Weisung an seine Armeebefehlshaber, die er Ende April wiederholte. Er betonte darin die Notwendigkeit, in der kurzen Zeit bis zu der Großoffensive der Alliierten alle Verteidigungsanlagen auf einen Stand zu bringen, in dem sie den stärksten feindlichen Angriffen gewachsen seien. Noch nie in der Geschichte habe es so ausgedehnte Befestigungsanlagen an einer Meeresküste gegeben. Der Gegner müsse vernichtet werden, bevor er sich an Land festsetzen könne. Es gehe darum, ihn im Wasser aufzuhalten und sein gesamtes Material zu zerstören, bevor es angelandet werden könne.

Rommel betonte seinem Stab und seinen Kommandeuren gegenüber wiederholt und mit Nachdruck, daß die ersten 24 Stunden entscheidend sein würden. Er entwarf ein dichtes Netz von Strandhindernissen zwischen den Hoch- und Niedrigwassermarken, das selbst Boote mit geringem Tiefgang aufhalten würde. Er wollte 50 Millionen Minen vor den deutschen Stellungen legen und die Strände in Minenfelder verwandeln. Aber es gab nie genug Minen, und als endlich viel weniger als angefordert eintrafen, konnten die Minenleger wegen alliierter Luftangriffe nicht mehr auslaufen. Insgesamt wurden schließlich nicht mehr als sechs Millionen Minen gelegt – wenig mehr als ein Zehntel der von Rommel für notwendig gehaltenen Mindestzahl.

Da Rommel Rundstedts „zweite Stellung", eine zweite Verteidigungslinie, für „eine Zeitvergeudung" hielt, ließ er die Arbeit daran einstellen und konzentrierte alle Kräfte und Mittel auf den Ausbau der Strandbefestigungen. In dem Gebiet hinter der Halbinsel Cotentin hatte Rommel als Schutz gegen Landungen von Lastenseglern Pfähle einrammen lassen wollen, die durch Drähte miteinander verbunden und zusätzlich vermint werden sollten. Als diese Hindernisse Mitte Mai errichtet sein sollten, inspizierte er das Gebiet und stellte fest, daß die Arbeiten erst begonnen hatten. Die 13 000 für diesen Zweck angeforderten Landminen waren nicht verfügbar.

Die Knappheit an Arbeitskräften, Minen und sonstigem Material sowie die Reduzierung von Transportmitteln auf Pferdewagen und Fahrräder machten die Verwirklichung eines großangelegten Verteidigungsplans unmöglich. Beispielsweise wurden von den zehn Millionen Minen, die für die 50 Kilometer lange Front vor der 352. Division erforderlich gewesen wären, nur 10 000 geliefert – aber keine Tellerminen (Panzerminen). Die Lage bei der 711. und 716. Division, die entscheidende Frontabschnitte in der Normandie zu verteidigen hatten, war keineswegs besser. Ende Mai 1944 waren erst zwei Drittel der Küstenbatterien an der Strandfront der Heeresgruppe B bombenfest eingebaut. Das Netz von Stützpunkten, die 700 bis 1200 Meter voneinander entfernt angelegt worden waren, war zum größten Teil ungeschützt. „Nur 15 Prozent der Einrichtungen im Abschnitt der 352. Division waren bombensicher", berichtet Gordon Harrison. „Alle übrigen waren Luftangriffen buchstäblich schutzlos ausgesetzt." Bei der 716. Division sah die Lage nach eigener Einschätzung noch schlimmer aus.

Um die Strandbefestigungen planmäßig ausbauen zu können, hätte die in der Normandie stehende 7. Armee pro Tag mindestens 240 Güterwagen Zement benötigt. Wie aus erhalten gebliebenen Unterlagen hervorgeht, erhielt sie jedoch in einem charakteristischen Dreitageszeitraum lediglich 47 Güterwagen. Die durch Kohlemangel erzwungene Stillegung der Zementwerke in Cherbourg verschärfte die Versorgungsschwierigkeiten noch, deren Hauptursache die alliierten Luftangriffe auf den Straßen- und Bahnverkehr waren.

Diese gravierenden Versorgungsschwierigkeiten veranlaßten Rommel zu bitterer Kritik an der Luftwaffe. Er wies darauf hin, daß die Luftwaffe 50 000 Mann einsetzte, um ihre Nachrichtenverbindungen zu unterhalten, und weitere 300 000 Mann Bodenpersonal unterhielt. Das bedeutete, daß auf jeden tatsächlich fliegenden Piloten 100 Mann am Boden kamen. Daß Feldmarschall Hugo Sperrle, der Oberbefehlshaber der Luftflotte 3, seine Kritik größtenteils für berechtigt hielt, nützte Rommel nichts, denn hinter dieser aufgeblasenen Organisation stand Göring mit seiner Großmannssucht.

Rommels mehrmalige Versuche, sich das in der Normandie eingesetzte III. Flakkorps zu unterstellen, wurden abgewiesen: Es blieb der Luftflotte 3 unterstellt, war den Launen Görings ausgesetzt und leistete bei der Abwehr alliierter Luftangriffe zu wenig. Dabei hätte es, geschickt eingesetzt, viel gegen die übermächtigen alliierten Luftstreitkräfte ausrichten und den hart bedrängten Truppen in ihren Bunkern das tröstliche Gefühl geben können, den feindlichen Angriffen nicht ganz wehrlos ausgeliefert zu sein. Selbst das II. Fallschirmjägerkorps, das taktisch der 7. Armee unterstand, blieb nach wie vor eine Luftwaffeneinheit. Göring weigerte sich, zu genehmigen, daß seine Soldaten für den Ausbau von Befestigungsanlagen herangezogen wurden.

Anfang Juni wiesen die deutschen Befestigungen deshalb noch große Lücken auf. Alle neuen Sperranlagen waren von den Alliierten registriert und mehrmals durch todesmutige Erkundungstrupps, die nachts zur französischen Küste vorstießen, kontrolliert worden. Durch den Verzicht auf die „zweite Stellung“ hatte das

Stellungssystem an Tiefe verloren und war zu schwach, um dem gewaltigen Ansturm zu widerstehen, der in England vorbereitet wurde. Aber das war nicht Rommels Schuld. Er hatte das Unmögliche versucht und viel erreicht. Rommel hatte einen Mythos übernommen und dafür gesorgt, daß er zumindest teilweise zu einer Realität wurde.

Am Vorabend der Invasion unterstanden Generalfeldmarschall von Rundstedt als Oberbefehlshaber West 60 Divisionen. Eine davon, die 19. Panzerdivision, war zur Auffrischung aus der Ostfront abgezogen worden, und eine weitere stand auf den Kanalinseln, so daß in Wirklichkeit nur 58 Divisionen verfügbar waren.

Davon standen 31 Divisionen in festen Stellungen, während die 27 anderen, darunter zehn Panzerdivisionen, so beweglich waren, wie es Hitlers Ahnungen und die Luftherrschaft der Alliierten gestatteten. Sie standen hauptsächlich in Holland, Belgien und Nordfrankreich: Fünf Divisionen des LXXXVIII. Armeekorps, darunter die angeschlagene 19. Panzerdivision, in den Niederlanden, 19 an der Meerenge von Calais zwischen Schelde und Seine und 18 zwischen Seine und Loire. Der Rest stand südlich der Loire.

43 der insgesamt 60 Divisionen waren unter Feldmarschall Rommels Befehl zur Heeresgruppe B zusammengefaßt: Das LXXXVIII. Armeekorps in Holland, die starke 15. Armee an der Meerenge von Calais und die 7. Armee in der Normandie. Die 15. Armee unter dem Befehl von General von Salmuth lag buchstäblich in ihren Stellungen verankert, woran hauptsächlich die Unfähigkeit der deutschen Militärs schuld war, von einer

einmal gefaßten Überzeugung abzukommen. Die Alliierten taten ihr Bestes, um eine Invasion im Bereich der 15. Armee möglich erscheinen zu lassen.

Bis zum Vorabend der Invasion war es Feldmarschall Rommel gelungen, die Aufstellung der 7. Armee General Dollmanns, die nach seiner Überzeugung die entscheidende Abwehrschlacht an den Stränden würde führen müssen, zu verbessern und zu verstärken. Die 352. und 716. Division lagen in Bunkern und Widerstandsnestern im Calvados zwischen den Mündungen von Vire und Orne. An der linken Flanke der Deutschen deckte die 91. Division mit dem ihr unterstellten Fallschirmjägerregiment 6 die linke Flanke der 352. Division im Raum Carentan. Die 709. Division sicherte die Ostküste der Halbinsel Cotentin mit dem Hafen Cherbourg. Hinter ihren Stellungen im rechten Teil ihres Frontabschnitts, den die Alliierten als „Utah Beach" kannten, schienen weite Sumpfgebiete und die Überschwemmungsgebiete der Flüsse Dives und Merderet zwischen Carentan und Port Brehay eine gute Rückendeckung zu sein und einen Vorstoß ins Landesinnere hinein zu verhindern. Die 243. Division stand in nach Westen orientierten Stellungen auf der Halbinsel.

An der rechten Flanke der Deutschen sicherte die 711. Division sowie ein ihr unterstelltes Regiment der 346. Division die Küste von der Orne bis zur Seinemündung gegenüber von Le Havre.

Die 709., 352. und 716 Infanteriedivision würden die alliierten Angriffe an den mit den Decknamen „Utah", „Omaha", „Gold", „Juno" und „Sword" bezeichneten Stränden abzuwehren haben. Gegen Rundstedts Willen war es Rommel gelungen, die 21. Panzerdivision nach vorn in den Raum Caen zu bringen, von wo aus sie gegen die linke Flanke der Alliierten eingesetzt werden konnte. Drei weitere Panzerdivisionen, die 12. und 116. Panzerdivision und die Panzer-Lehrdivision, die als Reserve der Heeresgruppe B einen vernichtenden Schlag führen konnten, standen mit der 116. Panzerdivision an der Spitze in dem Rechteck zwischen Mantes-Gassicourt, Chartres, Berny und Gacé. Wegen der von Rundstedt, Guderian und Geyr geäußerten Befürchtungen unterstanden diese Kräfte dem OKW, das sie auf Hitlers Befehl zum Einsatz freigeben würde. Deshalb hing der Ausgang des entscheidenden Tages von den Küstenbatterien und den drei an der normannischen Küste stehenden Divisionen ab, zu denen links die 91. Division mit dem Fallschirmjägerregiment und rechts die 21. Panzerdivision kamen. Falls es ihnen nicht gelang, die Invasionstruppen ins Meer zurückzuwerfen, war das Ende des Dritten Reiches besiegelt.

Die alliierte Landung war für Mitte Mai erwartet worden, und obwohl die Dienststelle des Marinegruppenbefehlshabers West vor dieser Annahme gewarnt hatte, herrschte in deutschen Militärkreisen die Überzeugung vor, die Invasion werde bei Flut stattfinden. Als sich bis Mitte Mai nichts ereignet hatte, neigten die Verteidiger dazu, an einen Aufschub des Landungsunternehmens bis August zu glauben. Nach deutscher Ansicht waren die Alliierten darauf angewiesen, sich einen oder mehrere Häfen zu sichern, und die Kriegsmarine vertrat jetzt die Auffassung, Le Havre und Cherbourg würden die Hauptangriffsziele sein. Alliierte

Truppen- und Schiffskonzentrationen im Süden und Südwesten Englands unterstützten diese Vermutung ebenso wie die Tatsache, daß die beiden Hafenstädte verhältnismäßig wenig bombardiert wurden. Nach Überzeugung der Kriegsmarine schlossen die felsigen Untiefen vor dem Ostabschnitt der normannischen Küste eine Landung aus, so daß der voraussichtlich von Luftlandeunternehmen eingeleitete Hauptvorstoß gegen die Halbinsel Cotentin erwartet wurde.

Ende Mai hatte Admiral Krancke, der Marinegruppenbefehlshaber West, sich einen Optimismus suggeriert, der angesichts der fast völligen Unbeweglichkeit seiner Flotte geradezu erstaunlich war. Krancke glaubte, seine Küstenbatterien konnten die alliierte Armada versenken, und stellte befriedigt fest, daß durch Luftangriffe nur acht Geschütze ausgefallen waren – fünf zwischen Le Havre und Le Treport, drei in der Normandie. Der Admiral begann zu glauben, die in englischen Häfen zusammengezogenen Schiffe, die Truppenansammlungen und die Landungsübungen, von denen die Deutschen durch gelegentliche Luftaufklärung und Agentenmeldungen wußten, seien Bestandteile eines gigantischen Bluffs der Alliierten.

Die rasche Wetterverschlechterung in den ersten Junitagen schloß nach deutscher Ansicht ein Landungsunternehmen in nächster Zeit aus. Über Funk übermittelte Warnungen an die französische Résistance, die aufgefangen und Großadmiral Dönitz vorgelegt worden waren, wogen weniger als Sturm und starker Wellengang im Kanal. Am 4. Juni 1944, als General Eisenhower sich in Portsmouth mit seinen Admiralen, Luftmarschällen,

Generalen und Meteorologen beriet und es an den Kanalausgängen bereits von Schiffen der Invasionsflotte wimmelte, vertrat Admiral Krancke in der Normandie die Ansicht, die Invasion sei keineswegs schon in nächster Zeit zu erwarten. General Blumentritt, der Chef des Stabes des Oberbefehlshabers West, stimmte darin mit ihm überein.

Im seichten Wasser vor der Küste lagen Leutnant Honours Kleinst-U-Boote weiterhin auf der Lauer. Alle Schiffe der amerikanischen Force U und Teile der Force O waren ausgelaufen, und am 4. Juni um 9 Uhr stand die Force U2a mit 128 Panzerlandungsschiffen 40 Kilometer südlich von St. Catherine's Point, weil sie die in den frühen Morgenstunden hinausgegangene Meldung über die Verschiebung der Invasion nicht erhalten hatte. Zwei Zerstörer und ein Walrus-Flugzeug drängten die Force U2a so rasch wie möglich ab, bevor sie von deutschen Funkmeßgeräten geortet werden konnte. Die Panzerlandungsschiffe kämpften für den Rest des Tages gegen Sturm und hohen Seegang an, bis sie in der Weymouth Bay Schutz fanden.

In der Nacht zum 1. Juni hatten die Minenleger der Force J 830 Funkbojen ausgelegt, die am 4. Juni zu senden begannen. Ab 18 Uhr am 4. Juni kennzeichneten Minenleger der Royal Navy die markierten Fahrrinnen für die Schiffe der Invasionsflotte. Mit Einsatz aller verfügbaren Minenräumflottillen waren zehn Fahrrinnen geräumt worden.

Am 4. Juni um 21.45 Uhr entschied General Eisenhower sich, die Invasion am Morgen des 6. Juni 1944 durchzuführen. Die riesige Flotte aus Schiffen und

Landungsfahrzeugen verließ ihre Häfen und Flußmündungen, ihre Buchten und Ankerplätze und lief zu dem Sammelpunkt unmittelbar südlich der Insel Wight. Aber der Gegner ahnte nichts davon. Seine einst so gewaltige Luftwaffe, die Anstalten gemacht hatte, die Luftherrschaft in Europa an sich zu reißen, konnte keine Luftbildaufklärung mehr fliegen. Die Funkmeßanlagen an der Kanalküste waren durch Bomben zerstört oder durch „Düppel" (Stanniolstreifen) und Störsender lahmgelegt und konnten nicht vor dem bevorstehenden Angriff warnen. Seine U-Boote, die den Atlantik in einen alliierten Schiffsfriedhof verwandelt hatten, waren nun selbst versenkt oder lagen in ihren Bunkern fest.

Am Morgen des 5. Juni verließ Feldmarschall Rommel, der auf die Vorhersagen seiner Meteorologen vertraute – denen allerdings Wettermeldungen aus westlicheren Gebieten fehlten –, sein Hauptquartier, um nach Herrlingen bei Ulm heimzufahren. Wegen der Luftüberlegenheit der Alliierten durften Generale damals nicht mehr fliegen.

Vor Tagesanbruch

Am 5. Juni 1944 ging die Sonne um 5.58 Uhr auf: Das war eher eine willkürliche Feststellung als eine sichtbare Tatsache, die den Übergang von einer dunklen, stürmischen Nacht zu einem grauen, windigen Tag bezeichnete. Der Ärmelkanal war mit weißen Schaumkronen auf stahlgrauen Wellen bedeckt, die steil heranbrandeten, um die Seemannschaft und die Magennerven der Besatzungen der kleineren Schiffe auf eine harte Probe zu stellen. Graue Wolkenfetzen jagten über den kalten Himmel. Böiger Westwind, der zwischen WSW und WNW schwankte und Windstärke 5 erreichte, trieb Gischt in die Gesichter der Ausgucke und Rudergänger, als Dutzende von kleinen Fahrzeugen rollend und stampfend zum Sammelpunkt liefen.

Bei Sonnenaufgang waren 5000 Schiffe in einem halben Hundert Umrissen und Größen ankerauf gegangen, und das Kielwasser zahlreicher Geleitzüge durchfurchte bereits die britischen Küstengewässer von Fowey bis zu The Nore. Fast genau vor vier Jahren hatten die Überreste einer Armee sich von Dünkirchen über den Kanal nach England gerettet, und die Küstengewässer erlebten erstmals wieder ähnlich starken Schiffsverkehr. Admiral Ramsay hatte damals den Oberbefehl geführt – und er führte ihn auch jetzt wieder. Der Gedanke daran erfüllte viele, die schon damals dabeigewesen waren, mit heimlichem Stolz, der ihnen Kraft und Entschlossenheit verlieh.

Dieser 5. Juni 1944 gehört nicht zu den Meilensteinen der Geschichte, die sich mit allgemein gehaltenen Phrasen schildern lassen. Er bedeutete vielen vieles. 287 000 Männer und zahllose Fahrzeuge waren schon zuvor auf die Schiffe verladen worden – manche bereits seit Monatsanfang –, in denen sie seekrank, abgespannt und nervös hockten und auf den Augenblick warteten, in dem sie wie Jonas an einem fremden Strand ausgespuckt und mit Kugeln und Granaten beschossen werden würden. Trotzdem war das ein Augenblick, den sie herbeisehnten: das Ende dieser Tortur.

Die vielen Tausende an Deck konnten sich, so seekrank und durchfroren sie auch waren, noch glücklich schätzen, daß sie nicht zu den vielen Tausenden unter Deck gehörten, die in den riesigen Höhlen der Panzerlandungsschiffe oder den beengten Unterkünften der Infanterielandungsschiffe bei trübem Licht und im Gestank von Erbrochenem hockten. Selbst Männer mit starken Magennerven konnten diesen Gestank nicht den ganzen Tag lang ertragen.

Während Tausende in einer grauen Zwischenwelt warteten, arbeiteten Tausende, bemannten die großen und kleinen Schiffe, standen in Hunderten von Geschütztürmen alarmbereit und hockten hinter Flakgeschützen, deren Rohre zu den Wolken – Hauptwolkenuntergrenze 1200 Meter – aufragten, über denen die Motoren von 10 000 Flugzeugen brummten. Weitere Hunderte mühten sich mit Schleppgeschirr und schweren Trossen ab: die Besatzungen der Schlepper, die im

Kielwasser der alliierten Armada, die sich südlich der Insel Wight versammelte, die Caissons der künstlichen Häfen über den Ärmelkanal zu bringen hatten. Für diese Schleppzüge sollte es ein schlimmer Tag und eine schlimme Nacht werden.

Noch schlimmer erging es allerdings der Force U2a, die zur Force U für „Utah Beach" gehörte. 128 mit Soldaten und Panzern beladene Panzerlandungsschiffe liefen am 4. Juni im Ärmelkanal nach Osten, weil der Befehl über die Verschiebung der Landung sie nicht erreicht hatte, kehrten dann um und kämpften gegen den Weststurm an, bis sie in der Weymouth Bay und dem Lea von Portland Schutz fanden. Danach liefen sie zum zweitenmal aus, um schließlich in der Abenddämmerung des 5. Juni auf Südkurs nach Frankreich zu gehen.

Auch die Force O für „Omaha Beach" hatte eine lange Fahrt aus dem Südwesten Englands hinter sich, war eingeschwenkt, hatte umkehren müssen und hatte quälend lange festgelegen. Die Männer an Deck standen mit kurzen Unterbrechungen nun schon seit über 50 Stunden Wache und hatten vielleicht weitere 50 Stunden ohne Schlaf vor sich. Für sie war der Anblick der Insel Wight kein erfreulicher Anblick wie für ihre englischen Kameraden, denn ihr „grünes, liebliches Land" lag jenseits des Atlantiks.

In den Nachtstunden folgten die riesigen Geleitzüge abgedunkelt und ungestört den von Minensuchern geräumten Fahrrinnen und bildeten eine über 80 Kilometer breite Front, an deren Flanken Dutzende von kleinen Kriegsschiffen ausschwärmten, um die Invasionsflotte zu sichern. Aber die feindlichen Angriffe blieben aus. Die langen Schiffsketten schienen von unsichtbaren Spulen abgewickelt zu werden, ihre Bestandteile aus allen südenglischen Häfen zu ziehen und auf der Fahrt zur Seinebucht zu dicken Trossen zu werden. Obwohl Sturm und Seegang tobten, war die eigenartig „unnatürliche" Stille dieser Nacht deutlich wahrzunehmen. Das stetige Dröhnen der Bomberflotten ging für die Männer unter Deck im Rauschen der See unter, und das Ächzen der stählernen Rümpfe schien das Ausbleiben feindlicher Angriffe zu unterstreichen.

So erstaunlich das war, so wenig tröstlich fanden die meisten Soldaten diese Tatsache, denn wie sollte diese Lawine von Schiffen, die monatelang zusammengezogen worden waren und nun den Ärmelkanal von Küste zu Küste füllten, ewig unentdeckt bleiben? Der Feind brauchte bestimmt nur die Ohren aufzusperren, um dieses mächtige Dröhnen zu hören.

Vor Sonnenuntergang am 5. Juni standen zwei englische Minenräumflottillen so dicht vor der normannischen Küste, daß ihre Besatzungen die Häuser am Strand mit bloßem Auge ausmachen konnten. Leutnant Honours Kleinst-U-Boote hatten ihre Positionen in Küstennähe eingenommen, um die Ostflanke und die gefährlichen Riffe zu markieren. Sie waren offenbar noch immer nicht entdeckt worden. Am 6. Juni ab 2 Uhr erreichten die Kommandoschiffe der Landungsflotte ihre Einsatzräume und begannen, ihre Landungsfahrzeuge zu Wasser zu bringen. Hinderlich war dabei nur der starke Seegang. Daß feindliche Angriffe ausblieben, war jedoch nicht allein auf das ungünstige – oder günstige – Wetter zurückzuführen.

Die fortgesetzten Angriffe auf die deutschen Funkmeßstationen waren beinahe zu erfolgreich gewesen. In dem gesamten „Neptun“-Gebiet zwischen Cap d’Antifer und Barfleur waren 74 Funkmeßstationen außer Gefecht gesetzt, und die 18 noch funktionierenden zeigten nichts an. Aber es genügte nicht, den Gegner zu blenden, er mußte auch irregeführt werden. Zu diesem Zweck wurden nördlich der Seine zehn seiner Stationen absichtlich nicht zerstört, und die Royal Navy machte sich daran, auf diesen Bildschirmen ein irreführendes Gespinst aus Lichtpunkten und Echos zu erzeugen.

Am 5. Juni und in der Nacht zum 6. Juni brachten es 105 Maschinen der Royal Air Force und 34 kleine Schiffe der Royal Navy fertig, auf den Bildschirmen der deutschen Funkmeßstationen den Eindruck zu erwecken – indem sie komplizierte Manöver flogen und fuhren, wobei die Schiffe Sperrballone mitführten –, als marschiere eine große Flotte zur Meerenge von Calais. Gleichzeitig fanden Stör- und Täuschungsmanöver gegen Cap d’Antifer und Barfleur statt. Daß es der gewaltigen Armada gelang, sich unbemerkt der Normandie zu nähern und sich in der Seinebucht 15 bis 20 Kilometer vor der Küste aufzufächern, ist ein Beweis für den Erfolg dieser Maßnahmen.

Kurz nach 21 Uhr alarmierten die ungewöhnliche Länge und der Inhalt einer von der BBC an die französische Résistance ausgestrahlten Warnung den Feind, und die 15. Armee an der Meerenge von Calais wurde in Alarmbereitschaft versetzt, während die 7. Armee in der Normandie ungewarnt blieb. Anscheinend war Rundstedt durch nichts von seiner vorgefaßten Meinung abzubringen – nicht einmal durch die Landungen von Einheiten von drei Fallschirmjägerdivisionen inmitten seiner in der Normandie stationierten Truppen. Lange bevor die ersten Landungsboote der Invasionsflotte zu Wasser gebracht wurden, entbrannten an Land erbitterte Kämpfe.

Am Abend des 5. Juni, als die Führungsschiffe der Invasionsflotte Fahrt aufnahmen und den von Minen geräumten Fahrrinnen nach Frankreich folgten, starteten eine halbe Stunde nach Sonnenuntergang die „Pfadfinder" der englischen und amerikanischen Luftflotten von ihren englischen Flugplätzen, um ihre Markierungsbomben über der Normandie abzuwerfen. Kurz nach Mitternacht befand diese alliierte Vorhut sich bereits über dem Feind: Die Engländer markierten die Absetzzonen für die 6. Fallschirmjägerdivision nordöstlich von Caen an der Ostflanke des Invasionsgebiets; die Amerikaner flogen beide Ufer des Merderets und die Straße Carentan-Montebourg-Cherbourg im Raum Ste.-Mère-Eglise an. Hinter den „Pfadfindern" trugen über 1200 Flugzeuge fast 20 000 Mann in die Schlacht; dahinter folgten die Lastensegler, denen die Fallschirmjäger erst die Landung ermöglichen mußten.

Luftmarschall Sir Trafford Leigh-Mallory war nur mit starken Bedenken an dieses Unternehmen herangegangen. Er fürchtete schwerste Verluste – vor allem für die großen im Westen eingesetzten Verbände –, aber seine Zweifel und Befürchtungen wurden vom Tisch gewischt. Die Luftlandeoperation sollte wie geplant ablaufen. Auch der Oberbefehlshaber hegte gewisse Befürchtungen und blieb in der Nacht zum 6. Juni bis nach

Mitternacht bei der amerikanischen 101. Luftlandedivision, bis die letzte Maschine gestartet war. Danach fühlte er sich wohler. Er hatte seine Männer „in bester Verfassung“ und voller Selbstvertrauen und Kampfesmut angetroffen.

Leigh-Mallory, der so viele Flugplätze wie möglich besuchte, wollte sich vergewissern, daß alles Menschenmögliche getan worden war, um den Männern eine gute Chance zu verschaffen. Viele von ihnen hatten noch nie Flakbeschuß erlebt, und die mit der Bereitstellung von so vielen Transportflugzeugen verbundenen Schwierigkeiten und Verzögerungen hatten verhindert, daß die Ausbildung den wünschenswerten Höchststand erreicht hatte. Das galt aus den gleichen Gründen auch für die Besatzungen der bereits ausgelaufenen Panzerlandungsschiffe. Aber auf See hat man oft eine zweite oder gar eine dritte Chance, während man in der Luft selten mehr als „ein Leben“ hat.

Würde ihre Ausbildung genügen, um sie – und ihre menschliche Fracht – die Absetzzonen sicher erreichen zu lassen? Diese Frage konnte nur die Nacht beantworten. Zumindest waren die Besatzungen genau eingewiesen worden und hatten das Absetzen lange genug geübt.

Leigh-Mallory besaß keinen Vergleichsmaßstab, um die Stimmung der Amerikaner beurteilen zu können, aber er schrieb von seinen eigenen Männern, sie hätten grimmig und nicht sonderlich fröhlich gewirkt, „aber ich zweifelte nicht an ihrer Entschlossenheit, ihren Auftrag durchzuführen“. Ein anderer, der das 7. Bataillon der englischen 5. Fallschirmjägerbrigade in der Stunde vor dem Start beobachtete, schilderte die „ernste und entschlossene Stimmung“, das Fehlen jeglicher übersteigerter Fröhlichkeit – und die Tatsache, daß allen „etwas ehrlicher Schiß“ anzumerken war.

Die letzte Warnung des Kommandeurs der englischen 3. Fallschirmjägerbrigade hätte gut für alle gelten können: „Macht euch nichts draus, wenn Durcheinander herrscht – das ist bestimmt der Fall.“

Luftlandetruppen an der westlichen Flanke

Das Landegebiet der amerikanischen 101. Fallschirmjägerdivision, das nachträglich rekonstruiert worden ist, bedeckt auf der Karte eine Fläche von 40 Kilometer Länge und 25 Kilometer Breite, während einzelne Gruppen noch weiter von den Hauptzielen entfernt abgesetzt wurden. Nur wenige von ihnen hatten überhaupt eine Chance, sich während der Kämpfe zu ihrer Division durchzuschlagen. Die Männer waren scheinbar willkürlich über dem Gewirr aus Wasserläufen und von Hecken gesäumten Feldern im Hinterland der „Utah Beach" abgesetzt worden.

Bei der 82. Division war die Lage etwas besser, weil wenigstens ein Regiment über dem vorgesehenen Gebiet abgesetzt worden war, aber vom Rest der Division gelangten nur vier Prozent in ihre Einsatzgebiete westlich des Flusses Merderet. Deshalb konnte die Division ihre Aufträge westlich des Flusses nicht erfüllen und vor allem die Flußübergänge nicht wie vorgesehen sichern. Aus der 82. Division war ein Regiment geworden.

Als bei Tagesanbruch die Amphibienlandungen an der „Utah Beach" begannen, bestand die 101. Division aus 1100 Mann statt aus 6600. Bis zum Abend wuchs ihre Stärke dann auf 2500 Mann an. Die 82. Division, der am D-Day mindestens 4000 Mann fehlten, hatte auch am dritten Tag nach der Landung erst wieder ein Drittel ihrer Soll-Stärke erreicht. Beide Divisionen hatten große Materialmengen und fast ihre gesamte von Lastenseglern transportierte Artillerie verloren – zum größten Teil in den Überschwemmungsgebieten der Flüsse Merderet und Douve. Keine der beiden Divisionen konnte die notwendigen Vorbereitungen für die Landung der mit Lastenseglern folgenden Luftlandeeinheiten treffen, die dadurch schwere Verluste erlitten.

Trotzdem steht als bemerkenswerte Tatsache fest, daß diese weitverstreuten Landungen von Fallschirmjägern den Gegner so verwirrten, daß er keine Möglichkeit hatte, Reserven nach vorn zu schicken, damit sie die Strände verteidigen halfen, oder zu einem energischen Gegenschlag auszuholen. Als die amerikanische 4. Infanteriedivision an Land kam, war die Schlacht um „Utah Beach" buchstäblich schon gewonnen.

Die Kämpfe der versprengten Überreste der Luftlandedivisionen an diesem Tag sind noch nie zusammenhängend dargestellt worden; sie werden sich auch nie genau schildern lassen. Die Einzelleistungen vieler Männer, die tapfer allein oder in Zweier- und Dreiergruppen kämpften, werden nie gewürdigt werden. Selbst die wenigen, die sich kampflos ergaben, verwirrten den Feind noch mehr, anstatt ihm Klarheit über das alliierte Landeunternehmen zu verschaffen. Die Pfadfinder der Luftlandedivisionen leisteten schlechte Arbeit. Viele von ihnen verfehlten die Absetzzonen und warfen ihre Markierungsbomben über anderen Räumen ab. Teilweise fehlten die Leuchtsignale völlig – vor allem westlich des Merderets, wo der Gegner besonders stark war. Piloten, die zum erstenmal beschossen wurden, flogen wilde Ausweichmanöver, kamen in den Wolken vom Kurs ab und gerieten über die Absetzzonen hinaus. Viele flogen zu schnell und zu hoch an, wenn sie ihre menschliche Fracht absetzten, und vergrößerten das ohnehin vorhandene Sprungrisiko auf diese Weise erheblich.

Generalleutnant Maxwell Taylor, der Kommandeur der 101. Division, sprang mit seinem Stab ab und bemühte sich den ganzen Tag über, Verbindungen zu den einzeln kämpfenden Gruppen herzustellen und eine gewisse Ordnung in das allgemeine Durcheinander zu bringen. Trotzdem fühlte er sich tagsüber wie „auf der Halbinsel Cotentin ausgesetzt".

Tatsächlich war der Gegner durch die unberechenbare Mischung aus Mutigen und weniger Mutigen, die in kleinen Gruppen vom Himmel fielen, wie gelähmt, und die weit auseinanderliegenden Landeorte wurden zu einem entscheidenden Faktor des amerikanischen Erfolges. Die Deutschen mußten den Eindruck haben, auf allen Seiten von Horden vager Schattengestalten angegriffen zu werden, die nach einem unerklärlichen System an allen möglichen Orten aus dem Boden zu wachsen schienen, um mit dem Mut der Verzweiflung den Kampf aufzunehmen. Die Verteidiger hatten keine Möglichkeit, die Zahl ihrer vom Himmel gefallenen Gegner abzuschätzen oder eine Hauptangriffsrichtung auszumachen. Die Unterbrechung der deutschen Nachrichtenverbindungen machte es schwierig und meistens sogar unmöglich, die bei Regimentern, Kompanien und Vorposten zusammengetragenen Mosaiksteinchen zu einem Gesamtbild der Lage zusammenzufügen. Die Deutschen waren verwirrter als ihre Gegner und sich mehr denn je der Tatsache bewußt, daß sie sich in einem fremden Land befanden, in dem sie nichts als Feinde hatten.

Durch Zufall gelang es einer kleinen Gruppe amerikanischer Fallschirmjäger, den Kommandeur der deutschen 91. Division auf der Rückfahrt von einer Einsatzübung zu seinem Gefechtsstand zu überfallen und zu erschießen. Dadurch verlor die 91. Division, die für die Abwehr von Luftlandeunternehmen ausgebildet war und fast die einzige verfügbare Reserve hinter den Verteidigern der Halbinsel Cotentin darstellte, ihren Kommandeur und war deshalb stark behindert. Das alliierte Luftlandeunternehmen blieb seltsam „formlos“: Es gab keine Schwerpunkte, an denen Gegenangriffe hätten einsetzen müssen, keine Zeit für gründliche Lagebeurteilungen und keine Kommandeure, die ihre Einheiten planmäßig und druckvoll zu Abwehrkämpfen hätten einsetzen können.

Viele kleine Küstendörfer waren zu Ortsstützpunkten ausgebaut worden, deren deutsche Besatzungen so allein und abgeschnitten waren wie die Männer, von denen sie überraschend aus der Dunkelheit heraus angegriffen wurden. Aus den bei der 7. Armee und der Heeresgruppe B einlaufenden Meldungen ließ sich kein zusammenhängendes Bild auf den Lagekarten gewinnen. Nichts paßte zusammen. Von Caen im Osten bis fast zur Westküste der Halbinsel Cotentin wurden Landungen von Fallschirmjägern gemeldet, während die Strände und Küstenbefestigungen in den frühen Morgenstunden unter dem Bombenhagel alliierter Flugzeuge lagen.

Schließlich begann auch die anglo-amerikanische Armada ihre Truppen in Landungsfahrzeugen vor der normannischen Küste auszuschiffen. Obwohl auf deutscher Seite viele glaubten, dies müsse der Anfang der lange erwarteten und befürchteten alliierten Invasion sein, blieben andere, darunter General Speidel, Rommels Generalstabschef, und General Blumentritt, der Chef von Rundstedts Stab, zunächst noch skeptisch. So blieben die Abwehrmaßnahmen der Deutschen halbherzig, ihre geringen Reserven uneingesetzt und ihre Panzer in den Bereitstellungsräumen, während Rommel abwesend war und Hitler schlief. Das alles verschaffte den alliierten Truppen an der Westflanke einen Anfangsvorteil, von dem sie natürlich nichts ahnten, und bewahrte sie vor einer durchaus möglichen Vernichtung.

Zu den wichtigsten Zielen der 101. Division gehörten die vier Straßendämme entlang der Wasserläufe hinter der „Utah Beach", die von St.-Germain-de-Varreville bis nach Pouppeville reichten. Nach Süden hin sollten sie die Schleuse bei La Barquette besetzen, die die Wasserführung des Flusses regelte, und Brückenköpfe jenseits der Douve unterhalb von Carentan errichten. Dadurch würden sie den Amphibientruppen den Weg freikämpfen, die Südflanke des VII. Korps sichern und bereitstehen, um sich mit dem an der „Omaha Beach" landenden V. Korps zu vereinigen.

Seit dem wenig präzisen Absetzen der ersten amerikanischen Fallschirmjäger war kaum eine Stunde vergangen, als sich bereits sechs deutlich erkennbare Kampfgruppen aus verschiedenen Elementen der Division zu diesen Angriffszielen in Bewegung setzten. An der Spitze jeder dieser Gruppen marschierte ein Oberst oder Oberstleutnant, und allein die Tatsache, daß sich hier kampfstarke Einheiten zielbewußt bewegten, führte wie von selbst dazu, daß sie laufend durch Versprengte verstärkt wurden.

Ein Zufall – ein Bündel hatte sich in der Tür ihrer Maschine verklemmt – verzögerte den Absprung von Oberst Johnson und einer Flugzeugladung Fallschirmjäger, die daraufhin in unmittelbarer Nähe der Schleuse La Barquette landeten. Johnson sammelte rasch 150 Mann um sich, stieß gegen die Schleuse vor und ließ sie von 50 Mann stürmen. Die Angreifer erreichten das jenseitige Ufer, bevor die Deutschen mit Granatwerfer- und Artilleriefeuer reagierten. Der Brückenkopf war kaum mehr als 100 Meter tief, aber Johnson hatte dieses Risiko auf sich nehmen müssen. Spähtrupps stellten fest, daß in der näheren Umgebung überall Deutsche standen, zwischen denen sich kleine Trupps von Amerikanern hielten. Trotz vieler tapferer Angriffe blieben die Brükken über die Douve in Feindeshand, und die Südflanke blieb ungesichert.

Unterdessen waren fünf Obersten mit ihren Kampfgruppen unterschiedlich schnell und unterschiedlich vom Glück begünstigt zu den wichtigen landeinwärts führenden Straßendämmen unterwegs. Keiner wußte von der Existenz der anderen. Jede Gruppe war völlig auf sich allein gestellt und versuchte, das ihr Mögliche zu erreichen, das sich als für die weiteren Kämpfe entscheidend erweisen konnte.

5. Juni 1944: 10 000 Maschinen auf Südkurs

5. Juni 1944: 287 000 Mann sind auf Schiffen verladen

Getroffene Landungsboote werden aus der Gefahrenzone geschleppt

General Eisenhower – letzte Instruktionen

Strandminen fordern hohen Blutzoll

Zu den ersten Opfern zählt die Besatzung einer Horsa

Deutsche Soldaten untersuchen vorsichtig ein Flugzeugwrack

Einige Kilometer weiter südlich, in der Nähe des Dorfes Culoville, bemühte ein Regimentskommandeur sich bereits seit Tagesanbruch, eine Befehlsstelle einzurichten, die als Sammelpunkt für sein Regiment dienen konnte. Der von allen Seiten bedrängte Oberst hatte Mühe, seine gefährdete Position zu behaupten; trotzdem hatte er seine einzige „Reserve", eine Gruppe von 50 Mann, unter Befehl des einzigen Bataillonskommandeurs, mit dem er Verbindung hatte, in Marsch gesetzt, um sie die von Pouppeville nach Süden, landeinwärts führende Straße besetzen zu lassen. Nachdem er seine Leute zu größter Eile gedrängt hatte, litt der Oberst unter einer Einsamkeit, von der er fälschlicherweise vermutete, sie sei auf der Halbinsel Cotentin einzigartig.

Zur gleichen Zeit war ein anderer Oberst mit 200 Mann auf dem Marsch nach Süden – zum gleichen Ziel. Er war viele Kilometer nördlich seines eigentlichen Ziels abgesetzt worden.

Vielleicht war es ein glücklicher Zufall, daß General Taylor nichts von diesen Vorstößen wußte. Es war ihm gelungen, in kleinstem Rahmen eine Befehlsstelle einzurichten, aber was außerhalb seiner näheren Umgebung passierte, blieb ihm unbekannt. Taylor entsandte sofort 50 Mann nach Pouppeville und marschierte mit 18 seiner Offiziere mit. Auf diese Weise stießen drei unabhängig voneinander operierende amerikanische Kampfgruppen nach Pouppeville vor.

Diese kleine Streitmacht erreichte das Dorf gegen acht Uhr, stieß auf deutsche Vorposten, mußte die ersten Verluste hinnehmen und drang im Kampf von Haus zu Haus in Pouppeville ein. Als die Deutschen sich mittags ergaben, weil die Überlebenden nun auch von den Angriffsspitzen der amerikanischen 4. Infanteriedivision bedrängt wurden, hatte die Kampfgruppe 18 Mann verloren.

Unterdessen erreichte eine zweite Kampfgruppe Houdienville, als die Amphibientruppen bereits durchmarschierten. Die dritte Gruppe war noch langsamer vorangekommen, weil es ihr nicht gelungen war, kleine feindliche Trupps abzuschütteln, die *sie* immer wieder angriffen.

Am ganzen D-Day und in der Nacht danach war die 101. Division, deren Kampfstärke nicht einmal der eines Regiments entsprach, nicht nur von ihren versprengten Einheiten getrennt, sondern wußte auch nicht, was aus der 82. Division geworden war.

Die Geschichte der 82. Division ist rasch erzählt. Zwei ihrer Regimenter, die den Auftrag hatten, das Gebiet westlich des Merderets und im Winkel der Douve zu säubern, kamen überhaupt nicht dazu, in den Kampf einzugreifen. So blieb es einem Regiment überlassen, die Kastanien aus dem Feuer zu holen und in dem einzigen Gefecht siegreich zu bleiben, in das die amerikanischen Luftlandetruppen an diesem Tag verwickelt wurden. Während Hunderte von Männern in den Sümpfen am Merderet festsaßen und Mühe hatten, den Bahndamm und damit festes Land zu erreichen, war das dritte Regiment verhältnismäßig geschlossen nordwestlich von Ste.-Mère-Eglise abgesetzt worden. Das war kein Zufall, sondern der Entschlossenheit der Piloten, ihre Absetzpunkte zu erreichen, zuzuschreiben gewesen. Lange vor Tagesanbruch stieß ein Bataillonskommandeur mit etwa einem Viertel seines Bataillons nach Ste.-Mère-Eglise vor, anstatt auf Verstärkung zu warten oder mühsam ein Haus nach dem anderen zu nehmen. Mit diesem Überraschungsangriff sicherte er den Invasionstruppen einen äußerst wertvollen Stützpunkt.

Am Nachmittag befand die Stadt sich fest in amerikanischer Hand, und in der näheren Umgebung kam es zu vier Einzelgefechten – abgesehen von etwa zwei Dutzend Scharmützeln in der Wildnis westlich des Merderets.

Die 82. Division war am Rande des Bereitstellungsraums der deutschen 91. Division abgesetzt worden und befand sich deshalb von Anfang an in gefährlicherer Lage als die 101. Division. Selbst kleinste Gruppen befanden sich sofort inmitten des Feindes und mußten schon Minuten nach der Landung um ihr Leben kämpfen. Kleinere Kampfgruppen von 50 bis 60 Mann kämpften den ganzen Tag zwischen Gräben und Hecken und waren unter Umständen keinen Kilometer von anderen entfernt, mit denen sie trotzdem keine Verbindung aufnehmen konnten. Oft wußten sie nicht einmal, daß ganz in der Nähe Kameraden kämpften. Unterdessen suchte General Gavin, der stellvertretende Divisionskommandeur, auf Feldern und in Sümpfen Männer, Waffen und Gerät zusammen und stieß dann mit einer größeren Kampfgruppe entlang der Bahnstrecke nach Süden vor, um von Osten her in den Kampf um La Fière einzugreifen.

Unterdessen stieß im Nordwesten von Ste.-Mère-Eglise ein Zug Amerikaner mit 42 Mann, zwei 5,7-cm-Pak und einigen Bazookas auf der Straße Carentan-Montebourg unbehelligt durch Neuville vor und erreichte das etwas höhere Gelände im Norden. Die Fallschirmjäger waren kaum in Stellung gegangen, als der Gegner von Norden her angriff. Trotz schwersten Granatwerferfeuers und wiederholter Sturmangriffe durch die mindestens fünffach überlegenen Deutschen hielten die Amerikaner ihre Stellungen. Gegen Abend zogen sich dann 16 Mann langsam durch Neuville zurück, während 26 ihrer Kameraden tot auf dem Hügel liegenblieben. Der Zug hatte Ste.-Mère-Eglise acht Stunden vor einem Gegenangriff aus Norden geschützt.

Die Leistungen der 82. und 101. Luftlandedivision am Invasionstag müssen an solchen bruchstückhaften Einzelerfolgen gemessen werden. Die durch ihre weitverstreuten Landungen hervorgerufene Verwirrung bei den Deutschen war vielleicht wirkungsvoller, als ihre Angriffe gewesen wären, wenn alles nach Plan geklappt hätte. Abends hatten die beiden Divisionen noch keine Verbindung zueinander. Beide mußten glauben, etwa zwei Drittel ihrer Stärke verloren zu haben, konnten mit dem Erreichten nicht recht zufrieden sein und wußten nicht, was um sie herum vorging. Ihnen blieb nichts anderes übrig, als auf den Morgen zu warten.

In Wirklichkeit kam die Verwirrung beim Gegner einem fast völligen Zusammenbruch gleich. Durch unaufhörliche Luftangriffe zermürbt, wegen einer zufällig in Rennes stattfindenden Besprechung der Divisionskommandeure behindert, durch zerstörte Nachrichtenverbindungen gelähmt und offenbar von schlimmen Vorahnungen beseelt, leisteten die Verteidiger nur wenig Widerstand. Viele ergaben sich fast kampflos.

Major von der Heydte, Kommandeur des 6. Fallschirmjägerregiments, der wahrscheinlich besten deutschen Truppe im Raume Carentan, hat berichtet, wie schwierig es war, Einsatzbefehle von seinen Vorgesetzten zu erhalten. Von dem Kirchturm in St.-Côme-du-Mont aus konnte er die Invasionsflotte selbst beobachten. Die Armada erschien ihm seltsam irreal, beinahe friedlich. Die Mittagssonne brannte herab, und die ganze Szene erinnerte ihn an „einen Sommertag am Wannsee“. Der riesigen Invasionsflotte mit ihren unzähligen Landungsfahrzeugen und den am Horizont verschwimmenden Kriegsschiffen fehlte seiner Ansicht nach der realistische Schlachtenlärm.

Von der Heydte schickte seine drei Bataillone ins Gefecht: eines nach Norden, wo es Ste.-Mère-Eglise angreifen sollte, eines nach Nordosten, um es den Raum um Ste.-Marie-du-Mont verteidigen zu lassen, und das dritte in Richtung Carentan. Die organisierte Verteidigung an der Westflanke war wie die Mauern von Jericho zusammengebrochen.

Mit dem Meer im Rücken

Am 6. Juni 1944 um zwei Uhr erreichten die ersten Schiffe der Force U – zwölf Geleitzüge mit 865 Schiffen unter Befehl des amerikanischen Vizeadmirals Moon – ihr Sammelgebiet 20 Kilometer vor der Westküste der Halbinsel Cotentin – gegenüber den Dünen von Vareville, die als „Utah Beach“ bekannt werden sollten.

Innerhalb von sechs Stunden würden drei voneinander unabhängige Landungsunternehmen an einem etwa 80 Kilometer langen Streifen der normannischen Küste stattfinden: drei Unternehmen, aus denen sich die Amphibienoperation *Neptun* zusammensetzte. Peinlich genaue Planung und Berücksichtigung kleinster Einzelheiten brachten die großen Kriegsschiffe, Panzerlandungsschiffe, Landungsfahrzeuge und Unterstützungsschiffe unbeschädigt durch die zehn von Minen geräumten Fahrrinnen zu den vor der feindlichen Küste stehenden Signalschiffen. In der letzten Stunde würde die Invasionsflotte die Strandbefestigungen unter vernichtendes Trommelfeuer nehmen, um sie für die eigenen Truppen sturmreif zu schießen. Alle drei Landungsunternehmen mußten Erfolg haben, damit ein gemeinsamer Landekopf gebildet werden konnte, von dem aus das Unternehmen *Overlord* zur Niederwerfung Deutschlands anlaufen konnte.

Ein Mißerfolg vor „Omaha Beach“, dem mittleren

Landungsgebiet, konnte eine gefährliche Bedrohung der alliierten Flanke nach sich ziehen, aber wenn der östliche Landekopf gehalten wurde, ließen die Verluste sich vielleicht wieder wettmachen. Dort mußte das gewonnene Terrain mit allen Mitteln gegen deutsche Panzerangriffe gehalten werden, bis die Mitte und der rechte Flügel ausreichend verstärkt werden konnten.

Das Landungsunternehmen gegen „Utah Beach" im äußersten Westen des Operationsgebiets war an diesem Tag ein völlig selbständiges Unternehmen. Falls alles andere fehlschlug, konnte der dortige Landekopf ausgebaut werden, um die Halbinsel Cotentin abzuschneiden und den wichtigen Hafen Cherbourg für weitere Operationen zu gewinnen. Aber das Unternehmen *Overlord* wäre damit zunächst einmal erledigt gewesen.

In dem Einsatzbefehl Nr. 1 hieß es:

„Das VII. Korps greift ‚Utah Beach' am D-Day zur X-Stunde an und nimmt Cherbourg so rasch wie möglich."

Um 2.30 Uhr ankerte die *Bayfield*, das Kommandoschiff der Force U, am vorgesehenen Platz. Für kleinere Fahrzeuge war es ein schlimmer Morgen. Der mit 15 Knoten wehende Westwind trieb die kabbelige See in ein Meter hohen Wellen vor sich her. Die Hauptwolkenuntergrenze war auf 3600 Meter angestiegen, aber vereinzelte Wolkenfetzen jagten in 500 bis 1500 Meter Höhe über den Himmel. Sieben bis acht Kilometer näher an der Küste hätte die Halbinsel Cotentin etwas Schutz geboten, aber die amerikanischen Kommandanten, die sich nur widerstrebend den Befehlen englischer Offiziere fügten, dachten nicht daran, Admiral Ramsays Rat zu befolgen und bis auf zwölf Kilometer an die Küste heranzulaufen. Sie vertraten die Ansicht, dort könnten ihre Schiffe in Reichweite feindlicher Küstenbatterien geraten, aber in Wirklichkeit fanden sie den englischen Oberbefehl unerträglich, und viele von ihnen konnten ihre „heftige persönliche und berufliche Abneigung“ nicht verbergen, wie Ingersoll bemerkte. Admiral King war ihnen in dieser Beziehung ein schlechtes Vorbild gewesen.

Jetzt waren sie jedenfalls auf sich allein gestellt und hatten – außer durch Wind und Seegang – keine Störungen von außen zu befürchten. Eine Handvoll deutscher Schnellboote war wieder nach Cherbourg zurückgelaufen, ohne die Invasionsflotte angegriffen zu haben. Die St.-Marcouf-Insel, die als Beobachtungsposten hätten bemannt sein können, waren von 132 Soldaten der US Cavalry besetzt. Vier mit Messern Bewaffnete waren um 4.30 zu den Inseln hinübergeschwommen und hatten sie verlassen vorgefunden.

In den Stunden vor Tagesanbruch galt der Einsatzbefehl für das VII. Korps dann nur noch für die wenigen Einheiten, die in Landungsfahrzeugen gegen die feindliche Küste vorstoßen würden. Die 4. Infanteriedivision sollte den Landekopf besetzen: das 8. Infanterieregiment an der Spitze, das 1. Bataillon rechts („Green Beach“), das 2. Bataillon links („Red Beach“), zwei Kompanien jedes Bataillons vorn, 30 Mann in jedem Landungsfahrzeug, fünf Landungsfahrzeuge pro Kompanie, 20 Landungsfahrzeuge mit 600 Mann als erste Welle, ergänzt durch zwei Kompanien des 70. Panzerbataillons. Hinter ihnen eine Menschen- und Meereswelle nach der anderen, X plus 5, X plus 12, X plus 20, X plus 30, Tag und

Nacht unaufhörlich weiter; Infanterie, Panzer, Pioniere, ins Wasser, durch die Hindernisse, die Minenfelder, über den Strand, die Deiche, die Straßendämme, die Wasserläufe, landeinwärts in die Dörfer und über die Felder, 42 Kilometer weit quer über die Halbinsel Cotentin, von Carentan nach Lessay, im Norden nach Cherbourg...

Die X-Stunde für den Westflügel war 6.30 Uhr. Wegen der unterschiedlichen Niedrigwasserzeiten waren von rechts nach links vier verschiedene X-Stunden festgesetzt worden, die von „Utah Beach" bis „Sword Beach" um 85 Minuten differierten. Aber die Männer auf dem rechten Flügel waren jetzt nur mit sich selbst beschäftigt, und der Gedanke an die bevorstehende Landung war stärker als alle Seekrankheit und die 70 Stunden unter Deck. Jetzt drängten sie sich an diesem stürmischen Morgen in ihren auf den Wellen tanzenden Landungsbooten zusammen, hörten aus dem bleigrauen Himmel das Orgeln von Flugzeugmotoren, waren von den Breitseiten der Deckungsschiffe und den schmetternden Einschlägen wie betäubt und hatten Mühe, in dem Durcheinander aus Männern und Fahrzeugen die Orientierung zu behalten.

Nach links hin kam es auf einer 75 Kilometer breiten Invasionsfront zu Variationen des gleichen Themas vor „Omaha", „Gold", „Juno" und „Sword": Entlang der gesamten Front stiegen nach Granattreffern und Bombeneinschlägen Staubfontänen auf, die als undurchsichtiger, bedrohlich wirkender Vorhang über der Küste hingen.

Unterdessen hatten im Wasser vor allem die Bootsbesatzungen zu kämpfen, um ihre durch geringen Tiefgang schlecht steuerbaren Landungsboote an den Strand zu bringen. Die Männer in den vordersten Booten wußten nichts vom Schicksal ihrer Befehlsboote, von denen eines havariert und ein anderes gesunken war. Eines der Panzerlandungsschiffe, das vier DD-Schwimmpanzer an Bord hatte, explodierte und sank, so daß nur sieben Panzerlandungsschiffe mit 28 statt 32 Panzern übrigblieben.

Sprengpunkte feindlicher Artillerie über dem Wasser, vereinzelte Minendetonationen, die Aufschreie Zusammenbrechender und die ungehört verhallenden Laute Verlorener, die wie klagendes Mäusequietschen in Löwengebrüll untergingen, bildeten die Hintergrundgeräusche des Krieges. 60 Mann der 2. Batterie des 29. Feldartilleriebataillons waren zu einem Posten auf der Sollseite des Unternehmens geworden: dunkle Schatten, die mit den Wellen kämpften, im Wasser, unter Wasser, auf dem Meeresboden zur Ruhe kommend.

Aber das Landungsunternehmen rollte von persönlichen Tragödien unbeeinflußt weiter ab. Die zweite Welle – Planierraupen auf ihren Landungsfahrzeugen, spezielle Pioniereinheiten – war in Position, während die Beschießung der Strandbefestigungen durch schwere Schiffsartillerie weiterging. Noch 40 Minuten. 276 Maschinen der amerikanischen 9. Luftflotte griffen das Landungsgebiet an und belegten sieben Ziele mit 4404 Bomben zu je 113 Kilogramm. 17 der 33 Unterstützungsschiffe beschossen den Strand mit Raketensalven; die übrigen bestrichen ihn mit MG-Feuer – vielleicht in der Hoffnung, dadurch Minen zur Detonation zu bringen, vielleicht auch nur, um den Männern in den Landungsbooten Mut zu machen.

Noch 700 Meter bis zur „Utah Beach" und genau nach Zeitplan: zehn Landungsfahrzeuge mit 300 Mann links, zehn Landungsfahrzeuge mit 300 Mann rechts. Hinter ihnen 28 DD-Schwimmpanzer mit wie Rüssel hochgereckten Kanonenrohren und von Spritzwasser nassen Türmen – ein kleines Wunder, das der Initiative und Entscheidungsfreudigkeit ihres Kommandeurs zu verdanken war, der befohlen hatte, sie entgegen den Vorschriften erst 3000 Meter vor der Küste zu Wasser zu bringen.

Der Strand war hinter den von Bomben und Granaten aufgewirbelten Sandfontänen, die ihn mit dem Himmel verbanden, fast unsichtbar, und darin, darunter steckte der Feind – falls es noch einen Feind geben konnte.

Aber 67 der Bomber hatten ihre Bomben überhaupt nicht geworfen, ein Drittel der restlichen Bomben waren am Strand zwischen den Hoch- und Niedrigwassergrenzen detoniert, und die Masse der übrigen war auf die Befestigungen von La Madeleine gefallen.

Aus den Führungsbooten der ersten Welle wurden Leuchtkugeln geschossen, damit die Schiffsartillerie ihr Feuer einstellte. Noch 200 Meter, die Köpfe hoch, alle Muskeln angespannt, den Atem angehalten, dann klatschen die Rampen ins Wasser, und 300 Mann des 2. Bataillons stürzen sich in brusttiefes Wasser, verlieren den Boden unter den Füßen und waten dann mit hoch über den Kopf gehaltenen Gewehren zum Strand, den sie in plötzlich aufflammender Begeisterung mit wildem Kampfgeschrei erstürmen.

Normandie, die ersten Männer an Land, ohne daß aus den grauen Staubschleiern auch nur ein Schuß gefallen wäre, die olivgrünen DD-Schwimmpanzer, die prähistorischen Ungeheuern gleich aus dem Meer gekrochen kamen und die wenigen Verteidiger erschreckten, die noch aus ihren Deckungen zu sehen und zu schießen wagten: einige wenige Schüsse, „sporadisches Feuer".

Diese wenigen Männer und ihre Kameraden, die Minuten später rechts neben ihnen landeten, wußten nicht, daß sie sich fast zwei Kilometer südlich des vorgesehenen Landeortes befanden. Durch eine nach Südosten gerichtete Meeresströmung und den Verlust ihrer Befehlsfahrzeuge gelangten sie zu der zweiten landeinwärts führenden Straße, statt die stärker verteidigte dritte stürmen zu müssen.

Zwei Stunden später befanden die Truppen der ersten Welle sich schon nicht mehr am Strand. Die deutschen Widerstandsnester wurden durch Stoßtrupps in Kompaniestärke ausgehoben, und der Küstendeich mußte nicht gestürmt werden. Lange vor Mittag hatte das 1. Bataillon La Madeleine genommen und den nach Audouville-la-Hubert führenden Straßendamm besetzt, während das 2. und 3. Bataillon die Straßen nach Pouppeville und Houdienville erreichten, wobei die an den Flügeln vorstoßenden DD-Schwimmpanzer ihnen Feuerschutz gaben.

Hinter ihnen räumten die Pioniere, die inzwischen von ihrem ursprünglichen Plan, lediglich sechs Fahrspuren freizumachen, abgekommen waren, den Strand, ohne sich die Füße naßzumachen. Ihre Planierraupen räumten die eingerammten Winkeleisen beiseite, und Sprengtrupps schlugen Breschen in den Küstendeich.

Bis zehn Uhr waren sechs Infanteriebataillone angelandet worden und stießen landeinwärts vor, während die Pioniere lediglich durch vereinzelte deutsche Granaten bei der Arbeit behindert oder an ihre exponierte Lage erinnert wurden, während sie ihre Sprengladungen anbrachten. Bis Mittag war „Utah Beach" geräumt, was sechs Tote und 39 Verwundete von insgesamt 400 Mann gekostet hatte, die ohne Deckung und ohne Schutz durch Panzer hatten arbeiten müssen.

Kurz nach Mittag stießen drei Bataillone des 22. Infanterieregiments nach Norden vor, um den nördlichsten Straßendamm zu besetzen. Das 3. Bataillon blieb auf der Küstenstraße bis Hamel-de-Cruttes; das 1. und 2. Bataillon watete in hüft- und brusttiefem Wasser diagonal durch die Überschwemmungsgebiete, die fast bis St.-Germain-de-Varreville reichten.

Das 12. Infanterieregiment kämpfte sich noch schwieriger voran. Um nicht warten zu müssen, bis das 1. Bataillon des 8. Regiments den dritten Straßendamm besetzt hatte, wateten die Soldaten von der Grand Dune am Strand aus los und hatten keinen trockenen Faden mehr am Leib, als sie auf festem Land wieder die ursprünglich befohlene Marschrichtung erreichten.

Insgesamt verloren das 8. und 22. Infanterieregiment an diesem Tag zwölf Gefallene. Das Zwanzigfache dieser Zahl hätte als günstig gegolten; das Hundertfache wäre ein immerhin denkbares Verhängnis gewesen. Ein einziger entschlossener Mann mit einer Steinschloßflinte hätte in der ersten halben Stunde am Strand mehr als zwölf Männer treffen können – darunter einen Brigadegeneral und einen Oberst.

Die 4. Infanteriedivision hatte hauptsächlich gegen

natürliche Hindernisse anzukämpfen, die in diesem Abschnitt beträchtlich waren. Weiter im Osten sah es anders aus.

„Omaha Beach“ liegt zwischen dem felsigen Vorgebirge Pointe de la Percée et Raz im Westen und Port-en-Bessin im Osten: ein langgestreckter Sandstrand, der landeinwärts etwa 50 Meter ansteigt und in ein Plateau mit kleinen, von Hecken begrenzten Feldern, tief eingeschnittenen Wegen und vereinzelten Weilern mit massiven Steinhäusern übergeht. Dieses Gebiet ist nur spärlich besiedelt: Trévières, das sieben Kilometer landeinwärts am Südufer der Aure liegende größte Dorf der Umgebung, hat nur etwa 800 Einwohner.

Drei Küstendörfer – Vierville, St. Laurent und Colleville – liegen etwa 2,5 Kilometer voneinander entfernt an der schmalen Küstenstraße und zwischen 500 und 1000 Meter vom Strand. Eine gepflasterte Promenade, an der zwischen Vierville und St. Laurent etwa zwei Dutzend größere Häuser stehen, liegt hinter einem niedrigen gemauerten Kai. Durch schmale Einschnitte führen Wege zu den Dörfern hinauf.

Bei Niedrigwasser steigt der Strand leicht bis zum Kai an, der teilweise durch Kiesstrand ersetzt wird, der eine 2,5 bis drei Meter hohe Barriere zwischen Meer und Dünengras bildet. Davor gräbt das ablaufende Wasser Rinnen und Kanäle in den gerippten nassen Sand.

In den Felsen über der langgestreckten „Omaha Beach“ befanden sich getarnt eingebaute Geschütze, die den ganzen Strand bestreichen konnten, und hinter den feindlichen Drahtsperren verband ein Grabensystem Widerstandsnester, Bunker und Geschützstellungen miteinander, die den Strand unter vernichtendes Kreuzfeuer nehmen konnten. Zumindest theoretisch mußten die leichten und schweren MGs, die Pak und die 7,5- und 8,8-cm-Geschütze den gesamten Strand beherrschen. Und hinter der vordersten Verteidigungslinie bot das ansteigende Gelände Raum für weitere Grabensysteme, MG-Nester und Minenfelder.

Der Strand selbst war mittelstark vermint – vor allem die Flächen zwischen den nach oben führenden Einschnitten –, und zwischen der Hoch- und Niedrigwassergrenze waren zahlreiche Hindernisse eingerammt, durch die nicht einmal ein Einmannboot hätte durchschlüpfen können. Aber alle diese Einzelheiten waren von nachts angelandeten Spähtrupps erkundet und auf zahllosen Luftaufnahmen studiert worden.

„Omaha Beach" barg keine Geheimnisse und brachte keine Überraschungen. Selbst die Zuführung einer neuen, erheblich kampfkräftigeren Division – der deutschen 352. Infanteriedivision – war vom britischen Nachrichtendienst beobachtet und an die amerikanische 1. Armee weitergemeldet worden. Bedauerlicherweise hatte das Armeeoberkommando diese Meldung für suspekt gehalten und die Invasionstruppen nicht davon informiert. Trotzdem ist nicht vorstellbar, daß sie bei den Einsatzbesprechungen nicht auf die Möglichkeit stärkster feindlicher Gegenwehr hingewiesen worden sein sollten.

Nach General Bradleys Plan sollten seine Truppen die stärksten feindlichen Stellungen stürmen, während hochspezialisierte Pioniertrupps, die ihr schweres Gerät selbst nach vorn bringen mußten, für die nachfolgende Infanterie, Panzer und Artillerie Gassen durch die Sperren und Minenfelder räumten. Danach sollten sie – noch immer zu Fuß und dem gegnerischen Feuer voll ausgesetzt – Breschen in die Kiesbänke und den niedrigen Kai sprengen.

Bradley wollte mit der 16. und 116. Regimentskampfgruppe unter Panzer- und Artillerieunterstützung angreifen, durch die Dörfer Vierville, St. Laurent und Colleville vorstoßen, bis zum Abend die Straße Isigny–Bayeux erreichen und Trévières jenseits der Aure besetzen, so daß seine rechte Flanke parallel zu den Nebenarmen der Aure verlief, während seine linke dem Westufer der Drôme folgte, das heißt der Grenze zwischen der amerikanischen 1. Armee und der englischen 2. Armee.

Zur X-Stunde würden US Rangers eine starke deutsche Batterie auf den Steilfelsen der Pointe du Hoc westlich von „Omaha Beach“ stürmen und diese nach Osten und Westen gerichtete Bedrohung ausschalten. Danach sollten die Rangers in südwestlicher Richtung nach Isigny-sur-Mer vorstoßen, wobei sie links neben sich das 1. Bataillon des 116. Regiments haben würden.

So sah die Angriffsplanung des V. Korps für den 6. Juni 1944 aus.

Am D-Day um drei Uhr morgens stand die Force O unter Befehl des amerikanischen Vizeadmirals Hall mit 34 000 Mann und 3300 Fahrzeugen (eine fast gleichstarke zweite Flotte folgte mit wenigen Stunden Abstand) 20 Kilometer vor der normannischen Küste und begann ihre Landungsboote zu Wasser zu bringen. Daraus entstand eine makabre vierstündige Komödie der Irrungen, während der große Teil der ausgeschifften Invasionstruppen im Wasser um ihr Leben kämpften. Im Gegensatz zu den großen Landungsschiffen, denen es lediglich schwerfiel, in der aufgewühlten See ihren Kurs zu halten, tanzten die kleinen Landungsboote im Nordweststurm wie Korken auf den 1,5 bis zwei Meter hohen Wellen und machten mehr Wasser, als die Lenzpumpen schaffen konnten.

Einige Schiffe hatten ihre Landungsboote voll beladen zu Wasser gebracht, aber andere ließen die Soldaten über Jakobsleitern in die wild schlingernden und rollenden Fahrzeuge hinunterklettern – eine Qual für die vielen bereits von Seekrankheit Geschwächten. Die See, die sich schon während der langen Überfahrt von ihrer unfreundlichsten Seite gezeigt hatte, wurde in Minutenschnelle zu einem dunklen, schwankenden, formlosen Dschungel, in dem Männer und Boote wie Verdammte in einem Labyrinth aus Schaum und Gischt kämpften.

Beinahe augenblicklich kenterten zehn Landungsboote, so daß über 300 Mann in der schwarzen See um ihr Leben kämpften. In fast 200 Landungsfahrzeugen waren die Besatzungen und die Soldaten, die wenig später unter feindlichem Feuer den Strand stürmen sollten, jetzt damit beschäftigt, mit ihren Stahlhelmen Wasser zu schöpfen – in manchen Booten bis zum letzten Mann seekrank, in allen Booten durchnäßt, frierend und verkrampft.

Im Kriegstagebuch ist nachzulesen, daß der Grad der Seekrankheit bei den Männern, die zumindest etwas gefrühstückt hatten, in gewissen Grenzen schwankte, aber hier ging es nicht um das Frühstück, eine Mahlzeit, zu der Männer, die bereits die nervöse Anspannung vor der Landung fühlten, nachdem sie zwei Tage und Nächte an Seekrankheit gelitten hatten, wenig Appetit verspürten, während sie andererseits nicht einmal mehr Lust auf eine Zigarette hatten. So befanden die Invasionstruppen sich am Rande geistiger und körperlicher Erschöpfung, als ihre Landungsfahrzeuge sich der feindlichen Küste näherten. Bei Tagesanbruch war lediglich der Himmel hell geworden; die Küstenlinie blieb in Dunst und Rauch verborgen.

Aber diese Männer der ersten Welle waren wehrloser, als sie wußten oder als sie kümmerte. Hinter ihnen verschlang die gierige See ihre Panzer und Geschütze, und die Sturmpioniertrupps hatten nicht weniger Verluste als die Vorhut. Mit brutaler Verantwortungslosigkeit schickte der Kommandant des Panzerlandungsschiffs, dessen 32 DD-Schwimmpanzer zur X-Stunde minus 5 an der Küste sein sollten, seine schweren Fahrzeuge 5500 Meter vom Strand entfernt in die hochgehende See. Selbst bei hervorragend ausgebildeten Besatzungen hätten die Panzer kaum eine Chance gehabt; so schlugen 27 innerhalb weniger Minuten voll Wasser und sanken. Zwei konnten sich durch Zufall und die Anstrengungen ihrer Besatzungen über Wasser halten und erreichten die Küste. Drei weiteren blieb dieser Opfergang erspart, weil die Rampe des Panzerlandungsschiffs klemmte; sie wurden an den Strand transportiert.

Auf diese Weise waren von den 96 Panzern, die mit ihrer Feuerkraft den Vorstoß der acht Kompanien mit insgesamt 1450 Mann und die erste Welle der Sturmpioniere unterstützen sollten, schon vor der Landung fast ein

Drittel ausgefallen. Auf dem Wassermarsch zur Küste sollte es weitere Verluste geben, die jedoch auf Feindeinwirkung zurückzuführen waren. Die Kommandanten der beiden anderen Panzerlandungsschiffe riskierten lieber Artillerie- und Minentreffer, anstatt ihre Fracht vorzeitig dem Meer zu übergeben.

Katastrophal hatte auch der Versuch geendet, die Infanteriegeschütze mit LCM (Landing Craft, Mechanized) an Land zu bringen. Die kleinen, hoffnungslos überladenen Fahrzeuge erwiesen sich als fast unsteuerbar und schlugen rasch voll. Das 111. Feldartillerie-Bataillon verlor mit einer Ausnahme sämtliche 10,5-cm-Haubitzen. Der 16. Infanteriegeschütz-Kompanie erging es kaum besser, und das 7. Feldartillerie-Bataillon erlitt ähnliche Verluste. Auch die Pioniere, die ihr schweres Gerät mit Panzerlandungsschiffen an den Strand brachten, hatten Schwierigkeiten und Verluste. Trotzdem waren die Gesamtverluste dieser Invasionsstreitmacht, die sich jetzt mit einem gewaltigen Aufgebot von Soldaten, Geschützen und Panzern der vom Feind besetzten Küste näherte, erheblich geringer, als bei auch nur mäßiger deutscher Gegenwehr zu Wasser und in der Luft zu erwarten gewesen wäre.

Aber die See- und Luftherrschaft gehörte den Alliierten. 40 Minuten vor der Landung eröffneten die Kriegsschiffe der Invasionsflotte das Feuer auf die Küstenbefestigungen und setzten dabei alle Kaliber ein: von den 40,6-cm-Geschützen der Schlachtschiffe bis hinunter zu den 12,7-cm-Geschützen der Zerstörer, so daß die Küstenlinie schon nach wenigen Salven in Rauch und Staubwolken gehüllt war. Gleichzeitig griffen 329 der

446 zu diesem Zweck gestarteten Liberators 13 Ziele am Strand und in Küstennähe mit über 1000 Tonnen Bomben an.

Von 5.50 Uhr bis X-Uhr minus 5 konnten die in ihren Landungsfahrzeugen zusammengedrängten amerikanischen Soldaten kaum ausmachen, was um sie herum geschah, obwohl sie natürlich merkten, daß die Beschießung recht einseitig war. Sie befanden sich inmitten eines donnernden Infernos, das keinen klaren Gedanken aufkommen ließ. Sie wußten, daß die Salven der zur Nahunterstützung eingesetzten Raketenschiffe kurz lagen, aber das machte ihnen keine Sorgen. Der Krach war ohrenbetäubend. Sie wußten nicht, daß die in mehreren Angriffswellen über sie hinwegdonnernden Liberators keine einzige Bombe auf Strandziele abgeworfen, sondern bis zu fünf Kilometer landeinwärts liegende Ziele bombardiert hatten, um in den Rauch- und Staubwolken nicht versehentlich die eigenen Truppen mit Bomben zu belegen. Die Männer in den vordersten Landungsfahrzeugen wußten erst, daß irgend etwas schiefgegangen war, als sie unberührte Strände sahen.

Als die vordersten Fahrzeuge noch 700 bis 800 Meter von der Küste entfernt waren, wurde das Trommelfeuer der schweren Waffen eingestellt und durch das Stakkato der Maschinenwaffen der Nahunterstützungsschiffe in ihrem Kielwasser ersetzt. Detonationen von Granaten und Werfergranaten und das Hämmern feindlicher MGs zeigte den Angriffsspitzen, daß der Gegner sie im Visier hatte. Ihre Blindheit war jetzt kein Segen mehr. Die Schreie von im Wasser Treibenden, plötzlich auflohende

Flammen und schmetternde Explosionen, wenn Landungsfahrzeuge Artillerie- oder Granatwerfertreffer erhielten, zerfetzten den Kokon ihrer bisherigen Isolierung. Dann dauerte es nur noch Minuten, bis die Rampen der Landungsfahrzeuge nach vorn ins Wasser klatschten.

Es gab keine trockenen Landungen. Die Landungsboote und die größeren LCVPs (Landing Craft, Vehicle and Personnel) und LCMs liefen auf Sandbänken fest, strandeten auf Untiefen und schickten Hunderte von Männern in hüft- und brusttiefes Wasser, das nicht nur vom Wind bewegt, sondern auch von Granaten, Werfergranaten und MG-Geschossen aufgewühlt wurde. Während einzelne Gruppen an Land wateten, ohne recht zu wissen, was sie allein an diesem scheinbar endlos langen, von dicken Rauchwolken verhangenen Strand tun sollten, befanden die meisten der Angreifer der ersten Welle sich inmitten eines Infernos aus detonierender Munition und durch Volltreffer hochgehender Sprengladungen der Pioniere. Einzelne Landungsfahrzeuge verwandelten sich nach Explosionen in feuerspeiende Ungetüme.

Die Panzerlandungsschiffe des 743. Panzerbataillons, das auf dem rechten Flügel die Angriffsspitze bildete, schoben sich weiter gegen den Strand vor. Von getroffenen Schiffen sprangen Männer über Bord, um im Meer Schutz zu suchen, während andere sich unter ihrer schweren Ausrüstung keuchend zum Strand weiterschleppten – manche auf allen vieren, andere auf dem Bauch kriechend, mit ihren Verwundeten und ihren Wunden. Aber im Meer war es sicherer.

Durch einen Volltreffer auf dem vordersten Panzerlandungsschiff fielen sämtliche Kompanieoffiziere bis auf einen, aber acht der DD-Schwimmpanzer erreichten den Strand und konnten aus 200 Meter Entfernung das Feuer auf den deutschen Stützpunkt Vierville eröffnen. Die Panzer des 743. Panzerbataillons kamen weiter östlich an Land, aber die Infanterie erlitt schwere Verluste. Sobald die Rampen ihrer Landungsfahrzeuge herunterklappten, waren die Infanteristen dem feindlichen Feuer schutzlos ausgeliefert. Viele von ihnen sprangen über Bord, um sich ins Meer zu retten.

Um X-Uhr plus 30 befanden sich mindestens 1000 Infanteristen und Pioniere am Strand und im seichten Wasser vor der Küste – aber sie kämpften nicht mit dem Gegner, sondern ganz einfach ums Überleben. Viele von ihnen waren erschöpft, keiner hatte noch die Kraft, schweres Gerät über den Strand zu schaffen, und nur sehr wenige konnten sich zu einem Sturmlauf gegen die deutschen Stellungen aufraffen.

Manche der Infanteristen gingen ins Wasser zurück und kamen mit der Flut an Land, indem sie sich wie Treibgut anschwemmen ließen und endlich die kümmerliche Deckung des Kais oder der aufgeschütteten Kiesbarriere erreichten. Nur wenige der beinahe willkürlich entlang dieses Strandes verstreuten Männer, die alle für bestimmte Aufgaben ausgebildet waren, die sie hätten erfüllen sollen, wenn alles nach Plan gegangen wäre, wußten genau, wo sie waren. Sehr wenige befanden sich in den Sektoren, deren Eroberung sie geübt hatten. Bootsbesatzungen, die gemeinsam Kampfgruppen bilden sollten, waren auseinandergerissen worden und oft 200, 300 oder gar 1000 Meter voneinander entfernt.

Viele der Gelandeten konnten glauben, sie hätten als

einzige „Omaha Beach“ erreicht. Hinter ihnen tobte das Meer, und der dichte Rauch, der sie vor gegnerischem Feuer schützte, wenn sie Glück hatten, verwirrte sie. Die wenigen Offiziere erwiesen sich oft als desorientiert oder wenig entschlußfreudig. Nur wenige von ihnen bewiesen in dieser ersten Stunde die Führerqualitäten, die notwendig gewesen wären, um den Angriff über den Strand hinaus vorzutragen. Die Männer der ersten Welle waren erschöpft und dem feindlichen Feuer schutzlos ausgeliefert.

Auch die unmittelbar hinter der Infanterie folgenden Sturmpioniertrupps hatten beim Anmarsch schwere Verluste erlitten und einen großen Teil ihres Pioniergeräts eingebüßt. Mehrere ihrer Landungsfahrzeuge waren nach Volltreffern explodiert. Von den 16 jeweils für eine Spezialaufgabe in diesem Sektor ausgebildeten Trupps erreichten nur fünf annähernd ihre Einsatzpunkte – und drei von ihnen waren dort völlig ungeschützt dem deutschen Feuer preisgegeben. Innerhalb weniger Minuten waren von ursprünglich 16 Planierraupen, die Strandhindernisse beiseiteräumen sollten, nur noch drei einsatzbereit. Auch sie verloren jedoch ihre Manövrierfähigkeit, als Soldaten hinter ihnen in Deckung gingen.

Trotz schwerer Verluste brachten die Pioniere unter feindlichem Feuer einen Teil ihres Geräts an Land und bemühten sich, die Gassen zu räumen, die sie für die Infanteristen der zweiten Welle schaffen sollten. Feindliche Granatwerfer- und Artillerietreffer ließen mühsam von Hand ausgelegte Sprengladungsketten hochgehen, wobei ganze Pioniertrupps den Tod fanden. Die rasch steigende Flut schäumte um ihre Füße, überspülte die vorgeschobenen Strandhindernisse und zwang die Überlebenden an den Kai und die Kiesaufschüttungen, bevor sie auch nur ein Zehntel ihres ursprünglichen Auftrags ausgeführt hatten. Im Abschnitt der 116. Regimentskampfgruppe hatten sie zwei Gassen geräumt. Weit im Osten, wo kaum Truppen gelandet waren, hatten sie vier Breschen in die Strandhindernisse geschlagen, von denen jedoch nur eine Gasse markiert war. Dabei hatten die Pioniere über 40 Prozent Verluste erlitten – vor allem in der ersten halben Stunde.

Hinter den Pionieren drängte jedoch nicht nur die herankommende Flut, sondern auch eine gewaltige Menschen- und Materialflut heran, die sich vor der Küste und am Strand staute, ihren Druck stetig verstärkte und ein Ventil suchte. Nach drei schrecklichen Stunden war der Strandbereich eine Wildnis aus Wracks, brennenden Fahrzeugen, zerschossenen Landungsschiffen und Versprengten. Keiner der Strandausgänge war geöffnet, keine der deutschen Stellungen war gestürmt worden, so daß die Invasionsflotte vom Strand her aufgefordert wurde, keine Fahrzeuge mehr, sondern nur noch Infanteristen an Land zu schicken.

Trotzdem entstand – schon lange bevor die Geleitzerstörer aus weniger als 1000 Meter Entfernung feindliche Stützpunkte beschossen – eine gewisse Ordnung aus dem Chaos, und die bis an die Grenze ihrer Leistungsfähigkeit beanspruchten Männer kamen wieder auf die Beine, griffen nach ihren Waffen und kämpften erstmals nicht nur ums Überleben.

„Omaha Beach“ war in vier Hauptabschnitte untergliedert worden, deren Decknamen von Westen nach

Osten „Charlie“, „Dog“, „Easy“ und „Fox“ lauteten. Außer „Charlie“, wo die US Rangers eingesetzt werden würden, waren alle Abschnitte nochmals unterteilt: „Dog-Green“, „Dog-White“ und „Dog-Red“ am rechten Flügel zwischen Vierville und St.-Laurent; „Easy-Green“ und „Easy-Red“ in der Mitte zwischen der Senke bei St. Laurent und dem Westrand der tiefen Senke bei Colleville; „Fox-Green“ und „Fox-Red“ zu beiden Seiten der Senke bei Colleville und einen Kilometer weiter östlich, wo im Unterabschnitt „Fox-Red“ ein weiterer Strandausgang durch eine kleine Senke geöffnet werden konnte.

Die Grenze zwischen der 116. und 16. Regimentskampfgruppe verlief entlang der Trennlinie zwischen „Easy-Green“ und „Easy-Red“, aber durch die schwierige Landung und die starke östliche Meeresströmung wurde das gesamte Landungsunternehmen nach Osten verschoben und bis zur Unkenntlichkeit verzerrt. Eine Abteilung der 116. Regimentskampfgruppe, die mit Teilen der 16. Regimentskampfgruppe am äußersten Ostrand von „Easy-Red“ landete, befand sich fast einen Kilometer von ihrer Nachbarabteilung in „Easy-Green“ entfernt. Auf den Klippen brennende Buschfeuer – eine Folge der Beschießung durch Schiffsartillerie – ermöglichten einzelnen Abteilungen ungestörte Landungen, nach denen es ihnen jedoch schwerfiel, die Orientierung zurückzugewinnen. Nur wenige kamen dazu, die Aufträge auszuführen.

Während auf den Flügeln von „Dog-Green“ und „Fox-Green“ einzelne Kompanien 3,5 Kilometer voneinander entfernt kämpften, kam allmählich wieder

Leben in den gesamten Mittelabschnitt. Einzelne Führerpersönlichkeiten ergriffen die Initiative und rissen ihre Kameraden mit. Viele der Angreifer litten den ganzen Tag unter lähmender Angst vor Minen. Ein falscher Schritt konnte den Verlust von Gliedmaßen oder den Tod bedeuten, und Verwundete blieben liegen, wo sie hingefallen waren, weil sie keine Bewegung wagten. Eine ganze Kompanie verließ den Strand am linken Flügel in Reihe, weil sie nicht wagte, das dort angelegte Minenfeld zu räumen, und war dadurch stundenlang feindlichem Feuer ausgesetzt.

Der Tag gehörte den wenigen: dem Leutnant und dem verwundeten Pionierunteroffizier, die sich aufrecht bewegten, Drahthindernisse zerschnitten, Minen sprengten und den am Strand in Deckung Liegenden durch ihre Taten ein Beispiel gaben, bis die Versprengten im Unterabschnitt „Easy-Red" sich schließlich wieder in Bewegung setzten; dem Pionierleutnant, der durch Schlick und Sand kroch und mit einem Jagdmesser nach Minen stocherte; dem Infanterieleutnant, der ein Widerstandsnest allein mit Handgranaten angriff und seine Karte und seinen Kompaß einem Feldwebel übergab, bevor er von Kugeln durchsiebt starb.

Überall entlang „Omaha Beach" fanden sich solche Männer, die allein oder zu zweit kleine Gruppen um sich sammelten, die sie anstachelten, fluchend vorwärtstrieben und bei Vorstößen landeinwärts anführten – im allgemeinen blindlings, aber mit dem Ziel, den Landekopf auszudehnen. Sobald die Rauch- und Staubwolken sich verzogen hatten, würden diese Gruppen sich zu gemeinsamen Angriffen vereinigen.

In den Unterabschnitten „Dog-Green“ und „Fox-Green“, wo die vordersten Kompanien buchstäblich zersprengt worden waren, als ihre Landungsfahrzeuge vor die Geschütze der starken deutschen Stellungen bei Vierville und Colleville geraten waren, sah die Lage anders aus. Am linken Flügel von „Fox-Green“ kamen Teile der 16. und 116. Regimentskampfgruppe verspätet, durcheinandergewürfelt und ohne ihre untergegangenen DD-Schwimmpanzer an Land. Diese zerschlagenen Überreste, die fast sämtliche Offiziere und Unteroffiziere verloren hatten, besaßen keinerlei Kampfwert mehr. Indem diese Männer die erste Angriffswucht ertragen hatten, hatten sie ihre Rolle für diesen Tag ausgespielt, und die zahllosen Gefallenen in der Brandung und am Strand zwischen angeschwemmten Kriegsmaterial zeigten, welch große Opfer sie gebracht hatten.

Der eigentliche Angriff wurde von ihren Kameraden der zweiten Welle vorgetragen.

Am äußersten rechten Flügel von „Charlie“, fünf Kilometer westlich von Vierville, hatte ein Stoßtrupp des 2. Ranger-Bataillons die deutschen Geschützstellungen auf der Pointe du Hoc angegriffen, Enterhaken nach oben über die Klippen geschossen und die Felsen mit Strickleitern und Klettertauen überwunden – um dann festzustellen, daß die Stellungen geräumt waren. Dieser Stoßtrupp bewegte sich dann landeinwärts und zog später einen Gegenangriff schwacher feindlicher Kräfte auf sich. Aber er war östlich seines eigentlichen Ziels an Land gegangen, und als bis zum vereinbarten Zeitpunkt keine Erfolgsmeldung eintraf, stieß die am rechten Flügel von „Dog-Green“ wartende Rangerkompanie durch die Reste der vordersten Kompanie der 116. Regimentskampfgruppe gegen die Schlucht bei Vierville vor.

Auch die Ranger erlitten schwere Verluste. Im Feuer deutscher Granatwerfer, MGs und Pakgeschütze verloren sie schon im Wasser ein Drittel ihrer Stärke. Aber die übrigen kamen an Land und arbeiteten sich verbissen über den 200 Meter breiten deckungslosen Strand bis zu dem niedrigen Kai vor. Kein Mann hatte die Kraft für einen Sturmlauf, und viele stolperten, aber alle kämpften sich voran, so weit ihre Kräfte reichten. Nur 62 der ursprünglich 130 Mann erreichten den Strandwall.

Weiter links kam das 5. Ranger-Bataillon jedoch hinter einer Kompanie der 116. Regimentskampfgruppe in dem „friedlichen" Abschnitt „Dog-White" genau zwischen den erbittert verteidigten Schluchten bei Vierville und St. Laurent an Land. Die 450 Mann starke erste Welle erreichte den Kai mit „nur fünf oder sechs Mann" Verlusten und vereinigte sich dort mit der Infanterie.

Der Angriff kam endgültig in Schwung, als Brigadegeneral Cota und Oberst Canham am Strand eintrafen. Cota wurde durch einen Einschlag umgeblasen, und Canham trug eine Verwundung am Handgelenk davon, aber beide Männer machten sich unermüdlich daran, den Angriff zu organisieren und Männer über die Klippen nach oben zu schicken, damit sie rechts einschwenkend nach Vierville vorstießen. Dadurch wurde auf dem rechten Flügel eine Ausbruchsmöglichkeit geschaffen. Zwei Gruppen von je 20 Mann hatten bereits Vierville erreicht, und die Verstärkungen trafen rechtzeitig genug ein, um deutsche Gegenangriffe zurückzuschlagen.

Auf dem linken Flügel würde im Abschnitt der 16. Regimentskampfgruppe der 1. Division wohl ein Wunder geschehen müssen, wenn die abgekämpften Überlebenden sich zu einem Angriff aufraffen sollten. Oberst Taylor bewirkte dieses Wunder. Dieser großgewachsene Offizier mit der aufrechten, selbstbewußten Haltung der Tapferen brachte die abgekämpft und desillusioniert am Strand liegenden Männer, die kaum mehr die Kraft hatten, ihre Ausrüstung zu schleppen, wieder auf die Beine und führte sie in den Kampf um die Strandausgänge zwischen Colleville und St. Laurent.

Von See aus erinnerten die in Küstennähe durcheinanderfahrenden Schiffe, von denen viele sich nicht zu landen trauten, Oberst Talley, den vom Korpskommandeur entsandten Beobachter, an „eine in Panik geratene Viehherde". Nur 100 der am D-Day benötigten 2400 Tonnen Nachschub wurden tatsächlich an Land gebracht. Aber die durch Bataillone der zweiten Welle verstärkten amerikanischen Truppen stießen endlich über die Strände hinaus vor. Ihre Generale an Bord der Kommandoschiffe waren noch nicht übermäßig optimistisch, aber die Abwehrfront war durchbrochen, und der Gegner besaß keine Reserven. Abends hatten die Deutschen die Schlacht um „Omaha Beach" verloren, aber die Amerikaner wußten noch nicht, daß sie gesiegt hatten.

An der Ostflanke kämpften die Engländer ihren ganz andersartigen Kampf.

Luftlandeunternehmen auf dem linken Flügel

Die englische 6. Luftlandedivision hatte den Auftrag, einen Brückenkopf zwischen Caen und der normannischen Küste zu bilden, beide Ufer der Orne und des Kanals von Caen zum Meer zu halten und die Ostflanke des Landungsunternehmens „Neptun“ zu schützen. Sie sollte ihren Brückenkopf unter allen Umständen halten, bis die an dem Amphibienunternehmen beteiligten Truppen sich an Land festgesetzt hatten.

Im Anfangsstadium war diese Aufgabe komplex und einfach zugleich: komplex, weil das Mosaik aus zahllosen Teilchen bestand, die alle zusammenpassen mußten; einfach, weil keine Finessen in Frage kamen, da für sie weder Platz noch Zeit war. Eine ganze Anzahl von Handstreichen mußte gelingen, damit sich insgesamt ein einziger Kraftakt ergab. Die Angreifer konnten nicht hoffen, eine zweite Chance zu bekommen, und durften mit keiner Verzögerung feindlicher Gegenangriffe rechnen. Zwei Fallschirmjägerbrigaden würden inmitten des Feindes landen – auf der Grenze zwischen den Operationsgebieten der deutschen 7. und 15. Armee –, dort Schlüsselstellungen besetzen und um jeden Preis verhindern, daß feindliche Reserven das Kampfgebiet erreichten.

Starke Teile der deutschen 711. und 716. Jägerdivision

verteidigten jedes Dorf, jeden Stützpunkt und jede Brücke; die 21. Panzerdivision stand am rechten Flügel einsatzbereit und hatte die gesamte deutsche Panzerreserve (in allerdings größerer Entfernung) hinter sich. Falls es den beiden ersten Fallschirmjägerbrigaden also nicht gelang, blitzschnell zuzuschlagen, ihre anfänglichen Geländegewinne zu konsolidieren und Landeplätze für die Lastensegler der Luftlandeverbände freizumachen, und falls sie nicht gleich Pakgeschütze, Granatwerfer und die Masse ihres schweren Geräts mitbrachten, standen sie vor einer unmöglichen Aufgabe. Wenn diese Voraussetzungen nicht erfüllt wurden, mußten die Anfangserfolge schon bei Sonnenaufgang wieder zerronnen sein oder würden im Laufe des Tages durch deutsche Gegenangriffe zunichte gemacht werden.

Die 5. Fallschirmjägerbrigade hatte den Auftrag, die Brücken über die Orne und den Caen-Kanal nördlich von Ranville zu besetzen, Landeplätze für Lastensegler freizumachen und zu sichern und den Brückenkopf auszubauen.

Die 3. Fallschirmjägerbrigade hatte den Auftrag, die Brücken über den aufgestauten Fluß Dives bei Troarn, Bures, Robehomme und Varaville zu sprengen und alle von Südosten heranführenden Straßen zu besetzen und zu sperren. Außerdem sollte sie die mit 15,5-cm-Geschützen ausgestattete Küstenbatterie Merville vernichten, bevor sie die Invasionsflotte beschießen konnte. Für dieses Unternehmen gegen die stark gesicherte Küstenbatterie stand höchstens eine Stunde Zeit zur Verfügung.

Um 23.03 Uhr am Abend des 5. Juni 1944 starteten

die ersten der sechs Albemarle-Flugzeuge der Pathfinder Force von einem englischen Flugplatz mit 60 Männern, die Absetzpunkte mit Leuchtsignalen markieren sollten. Gleichzeitig transportierten sechs Lastensegler Teile des 2. Bataillons, der Oxford and Buckinghamshire Light Infantry und Pioniere, die den Auftrag hatten, die Brücken über den Caen-Kanal und die Orne zu besetzen. Es war eine regnerische Nacht mit böigen Winden und rasch ziehenden Wolkenfetzen, hinter denen gelegentlich der Mond sichtbar wurde; eine Nacht voller Motorenlärm, in der Tausende von Bombern, Transportflugzeugen, Schleppmaschinen und Lastenseglern zwischen Le Havre und Cherbourg über dem Ärmelkanal unterwegs waren. Und unter ihnen schäumte die stahlgraue See im Kielwasser von 5000 Schiffen in grünlich-weißen Spuren auf.

Zwanzig Minuten nach Mitternacht landeten die ersten abgesetzten Pfadfinder auf französischem Boden: Zwei Drittel von ihnen waren vom Wind abgetrieben worden, hatten ihre Leuchtsignale verloren oder waren mit beschädigtem Gerät gelandet, aber das restliche Drittel erreichte die Zielpunkte und konnte dort sein Bestes tun. Minuten später machte der erste Lastensegler des ersten Stoßtrupps 43 Meter von seinem Ziel entfernt eine Bruchlandung, und seine Besatzung überwältigte die aus dem Schlaf geschreckten Deutschen und nahm die Brücken über den Caen-Kanal und die Orne.

Inzwischen war der Gegner aufgewacht: Leuchtspurgeschosse zogen ihre Bahn über den Himmel, und die in die Wolken schießende deutsche Flak holte mehrere Transportflugzeuge und Lastensegler herunter, während

Die Rampen sind heruntergeklappt und die Infanteristen dem feindlichen Feuer ausgeliefert

Abschnitt „Utah“: Nach wenigen Stunden ist bereits eine Straße angelegt

Provisorisches Gefangenenlager am Strand

Unter den ersten deutschen Kriegsgefangenen sind noch halbe Kinder

Erst nach Stunden wird die Lage übersichtlicher

Die Opfer werden geborgen

Kleine Stoßtrupps ziehen landeinwärts

die abgesetzten Fallschirmjäger des 7., 12. und 13. Bataillons der 5. Brigade aus den Wolkenbänken ins Feuer der Infanteriewaffen des Gegners sprangen. Endlose Sekunden zwischen Himmel und Erde – Zeit genug, um zu sterben, um Handgranaten auf den Feind zu werfen, der auf die herabschwebenden dunklen Fallschirme wie auf Vogelschwärme schoß. Viele Engländer landeten kämpfend und mußten sich sofort ihrer Haut wehren, während andere in Bäumen hängenblieben, wo sie Zielscheiben bildeten und schwer zu retten waren, so daß nur wenige von ihnen überlebten.

Um 2.30 Uhr am 6. Juni kämpfte das 7. Bataillon auf beiden Ufern der Orne einen verzweifelten Kampf gegen Teile der deutschen 716. Division und zwei Bataillone von Feuchtingers 21. Panzerdivision, die kurz nach ein Uhr in den Kampf geworfen worden waren. Eine Kompanie des 7. Bataillons, die in Bénouville von drei Seitcn hart bedrängt wurde, nahm eine kleine Bataillonsreserve von Werfer- und MG-Geschützen auf, die ihre abgeworfenen Waffen nicht finden konnten, und bewaffnete sie mit allem, was Gefangenen und Gefallenen abgenommen werden konnte. Es war ein Kampf gegen die Uhr. Verstärkung konnte erst am frühen Nachmittag eintreffen, aber das dumpfe Grollen der den Landungen vorausgehenden Küstenbeschießung machte den Engländern neuen Mut.

Das 12. Bataillon, das die Niederungen bei Ranville mit beispielhafter Geschwindigkeit besetzt hatte, brauchte nicht nur Mut, sondern auch Glück. Seine vordersten Züge und Gruppen lagen einem zwanzigfach überlegenen Feind gegenüber, der seine 8,8-cm-Flak auf

Kernschußweite einsetzen konnte, und da der Verschlußblock ihres einzigen Sechspfünders (5,7-cm-Pak) bei der Landung zu Bruch gegangen war, konnten sie nur auf die zu ihrem Glück sehr große Ungewißheit beim Gegner hoffen.

Während Blumentritt sich bemühte, das Oberkommando der Wehrmacht vom Ernst der Lage zu überzeugen, damit es den Einsatz der Panzerreserve freigab, erstattete Speidel Rommel ebenso dringend Bericht und erhielt den Einsatzbefehl für die 21. Panzerdivision. Aber Feuchtinger hatte kurz nach sechs Uhr aus eigenem Entschluß eine Kampfgruppe der 21. Panzerdivision ins Gefecht geschickt. Wäre diese Kampfgruppe energisch vorgestoßen, hätte sie die Verteidiger der Niederungen bei Ranville überwältigen und den Brückenkopf erheblich einschnüren müssen. Aber die in den feindlichen Hauptquartieren herrschende Ungewißheit und die Vielzahl von Angriffen entlang der normannischen Küste trugen dazu bei, den deutschen Gegenstoß zu zersplittern. Im Laufe des Vormittags zogen die deutschen Panzer sich aus dem Gebiet um Ranville zurück und überließen die dortigen Niederungen den angeschlagenen englischen Fallschirmjägern.

Dieser in den ersten Stunden des 6. Juni am äußersten linken Flügel geführte Kampf sollte bedeutsame Auswirkungen auf die Krisen vor „Omaha Beach“ haben, denn als Feuchtinger den Befehl erhielt, mit seinen Infanteriebataillonen einen Gegenangriff gegen die Amerikaner zu führen, gelang es ihm nicht mehr, sie aus den Kämpfen gegen die englische 5. Fallschirmjägerbrigade abzuziehen. Auch sein Panzerjägerbataillon war in den Versuch verstrickt, die 716. Division vor der Vernichtung durch angelandete Infanterie- und Panzereinheiten zu bewahren. Auf diese Weise standen keine Reserven mehr zur Verfügung, die im entscheidenden Augenblick gegen „Omaha Beach“ hätten eingesetzt werden können.

In den Stunden vor Tagesanbruch konnte die deutsche Führung sich kein klares Bild darüber verschaffen, wie stark die Luftlandeeinheiten waren, deren Landungen zwischen der Seinebucht und der Halbinsel Cotentin gemeldet wurden. Sie neigte dazu, die alliierte Stärke zu überschätzen, und konnte sich noch immer nicht von dem Gedanken an einen Angriff über die Meerenge von Calais hinweg freimachen.

Unterdessen war das 13. Bataillon der 5. Fallschirmjägerbrigade praktisch in geschlossener Formation abgesetzt worden und war mit starken Kräften nach Ranville vorgestoßen, während eine Kompanie zurückblieb, um das für die Landung von Lastenseglern vorgesehene Gelände von eingerammten Pfahlhindernissen und Minen zu räumen. Diese Kompanie schoß mit ihren PIATs (Panzerfaust) drei deutsche Panzer ab, aber sie benötigte dringend Pakgeschütze und schweres Gerät. In Ranville war eine Kompanie der 711. Division vernichtet worden, und das Dorf mit dem Schloß der ältlichen Comtesse de Rohan befand sich um 14.30 Uhr fest in englischer Hand.

Die 5. Fallschirmjägerbrigade hatte sich rasch genug gesammelt, um die gesteckten Ziele zu erreichen, aber sie mußte ihren Einsatzraum mit unzulänglichen Kräften halten, weil zu viele Soldaten noch immer in Bäumen hingen oder in Dutzende von Scharmützeln verwickelt waren, die jedoch schließlich dazu beitrugen, die englische Position zu stärken.

Als die ersten Commandos sich vom Strand bei Ouistreham zum Brückenkopf an der Orne durchkämpften, den sie mit nur zweieinhalb Minuten Verspätung erreichten, hatte die Oxford and Bucks Light Infantry sich mit Unterstützung des 7. Bataillons zwölf Stunden lang gegen energische deutsche Gegenstöße behauptet, die mit Artillerie- und Granatwerferunterstützung vorgetragen worden waren. Eine Kompanie, deren sämtliche Offiziere gefallen oder verwundet waren, hatte ihre Stellungen 17 Stunden lang ohne Ablösung gehalten.

Um Punkt 14 Uhr überschritt das Commando 6 die Ornebrücke, um das 9. Bataillon der 3. Fallschirmjägerbrigade zu verstärken. Zu diesem Zeitpunkt hatte das Commando sich bereits durch gegnerische Stützpunkte hindurchgekämpft, hatte eine feuernde Küstenbatterie zerstört und war 15 Kilometer marschiert.

Es schien geradezu unmöglich, daß die komplexen Einzelaufträge der 3. Fallschirmjägerbrigade ein zusammenhängendes Ganzes ergeben oder daß die sieben Hauptziele entlang der elf Kilometer langen Front von Troarn, genau östlich von Caen, bis zur Küste bei Merville erreicht werden könnten. Jedes erforderte größten Mut, genaueste Planung, strikte Einhaltung der vorgesehenen Angriffszeit und vor allem Improvisationsgabe, falls irgend etwas schiefging, was anzunehmen war.

Die Albemarle-Flugzeuge, die kleine Vorauskommandos transportierten, denen die wichtige Aufgabe zufiel, das Landegebiet der Lastensegler, die Panzerabwehrwaffen mitbringen würden, von künstlichen Hindernissen zu säubern, setzten ihre menschliche Fracht einigermaßen in der Nähe ihrer Einsatzorte ab. Aber der Brigadekommandeur, der verwundet mit seinem Stab und Teilen des 1. und 9. Bataillons im Überschwemmungsgebiet des Flusses Dives lag, mußte sich mit seiner vor dem Start ausgesprochenen eigenen Warnung trösten: „Macht euch nichts draus, wenn Durcheinander herrscht", hatte er gesagt. Erst in der Abenddämmerung stießen er und sein Stab – nachdem sie tagsüber noch von eigenen Flugzeugen bombardiert worden waren – wieder zu seiner Brigade.

Die 3. Fallschirmjägerbrigade war schlecht abgesetzt worden. Die durch Luftangriffe auf die Küstenbatterie Merville aufsteigenden Rauch- und Staubwolken verdeckten die Zielgebiete, in denen viele Leuchtsignale wegen Beschädigungen versagten. Die deutsche Flak und der stark böige Wind trugen ebenfalls ihren Teil dazu bei, daß viele Absprungzonen verfehlt wurden. Lastensegler lösten sich von ihren Schleppflugzeugen, viele erhielten Treffer, aber am gravierendsten war wohl der unzulängliche Ausbildungsstand der Gruppe 46. An diesem Tag rächten sich zu Wasser und an Land die elenden, erbitterten Kämpfe, in denen die „Overlord"-Planer um mehr Landungsfahrzeuge und Flugzeuge gerungen hatten, die ihnen bis zum letzten Augenblick verweigert worden waren, so daß jetzt Tausende an den normannischen Stränden für diese Unterlassungssünden bluten mußten.

Das (kanadische) 1. Bataillon, das vor allem die Brücken bei Varaville und Robehomme zerstören sollte, landete weit verstreut. Dem 8. Bataillon, dessen Ziel die Brücken in Troarn und Bures waren, nach deren Sprengung es sich in den Bois de Bavent zurückziehen sollte, erging es kaum besser. Beide Bataillone sammelten ein Minimum an Männern und Sprengstoff und stießen zu ihren Zielen vor, ohne lange auf Nachzügler zu warten. Die Bataillonskommandeure vertrauten darauf, daß ihre Einheiten im Laufe des Tages eher stärker werden würden, und diese Annahme bestätigte sich. Von überallher schlugen sich Männer in Zweier- und Dreiergruppen zu ihren Einheiten durch und wichen dabei nicht nur den Deutschen aus, sondern entzogen sich auch den Umarmungen, dem Cognac und den Erdbeeren, mit denen begeisterte Franzosen, deren in schweren und bitteren Jahren aufgestaute Emotionen sich auf diese Weise entluden, sie als Befreier begrüßten.

Schon bald nach der Landung sammelte der verwundete Oberst des 8. Bataillons 180 Mann um sich, die genügend Sprengstoff mitbrachten, teilte sie in zwei Gruppen ein und stieß mit ihnen nach Bures und Troarn vor. Die Masse der Pioniere sowie der größte Teil des für Brückensprengungen benötigten Materials waren in so großer Entfernung abgesetzt worden, daß sie den Sammelpunkt nicht rechtzeitig erreichen konnte. Aber eine Pionierabteilung, die sich am Nordrand des Bois de Bavent und im Besitz mehrerer Handkarren und eines Jeeps wiederfand, suchte sich aus den im Gelände liegenden Abwurfbehältern genügend Sprengstoff zusammen und stieß in zwei Gruppen gegen die Brücken vor.

Die Gruppe mit den Handkarren stieß auf dem Marsch

nach Bures rasch auf die Vorhut der ersten Gruppe des 8. Bataillons und erfüllte ihren Auftrag unter dem Feuerschutz der Fallschirmjäger mehr oder weniger wie vorgesehen. Aber die nach Troarn vorstoßende Gruppe erlebte ein wildes Abenteuer: Ein Major und sieben Mann fuhren mit dem Jeep, in dem ein Pionier mit einem MG als „Heckschütze" fungierte, während die anderen ihre Maschinenpistolen hatten. Eine Straßenkreuzung vor der Stadt war durch Spanische Reiter gesperrt, und bis die Engländer dieses Hindernis beseitigt hatten, war die gesamte Garnison alarmiert. Aber die kleine Gruppe, die sich in ihrem Überschwang vermutlich unverwundbar fühlte, raste tollkühn mitten durch Troarn, schoß dabei wild um sich und fuhr steil zum Fluß hinunter, während hinter ihr MG-Geschosse dicht über ihren Köpfen durch die Bäume pfiffen.

Die Pioniere brauchten nur wenige Minuten, um eine sechs Meter breite Lücke in die Straßenbrücke zu sprengen, den Jeep zu versenken und in der Dunkelheit unterzutauchen. Sie erreichten alle den Brigadesammelpunkt bei Mesnil, und in der Abenddämmerung bezog das 8. Bataillon, das inzwischen auf 230 Mann angewachsen war, seine Wartestellung im Bois de Bavent.

Links davon rafften die Kanadier des 1. Bataillons, das durch schlechtes Absetzen sehr geschwächt war, genügend Männer zusammen, um sofort zu ihren Zielen in Varaville und Robehomme vorzustoßen. Während die französische Landbevölkerung Versprengten behilflich war, ihr Bataillon wiederzufinden, griff der Kern einer Kompanie Varaville an, zerstörte die Brücke und wurde sofort in ein Gefecht verwickelt, das bis zum Spätvormittag andauerte. Inzwischen sprengte ein Pionierhauptmann mit Unterstützung von Soldaten des 1. Bataillons die Brücke in Robehomme.

Aber alle diese Erfolge, die trotz des von dem Brigadekommandeur vorausgesagten Durcheinanders befriedigend rasch erzielt worden waren, verblaßten an diesem Morgen vor einer viel größeren Leistung: dem Angriff auf die Küstenbatterie Merville.

Die 15,5-cm-Geschütze von Merville standen in zwei Meter dicken Betonbunkern mit vier Meter hohen Erdaufschüttungen und massiven Stahltoren. Der engere Stellungsbereich, der durch drei jeweils 1,50 Meter hohe Stacheldrahtrollen gesichert wurde, umfaßte etwa 350 Quadratmeter und wurde von 130 Mann verteidigt. Mindestens 20 Bunker und MG-Stellungen waren so angeordnet, daß sie die vor den Drahthindernissen in freiem Gelände angelegten Minenfelder bestreichen konnten. Zu der von den Engländern ausgekundschafteten Abwehrbewaffnung dieser Batterie, die den linken Flügel der Invasionskräfte bedrohte, gehörte außerdem mindestens eine 2-cm-Maschinenkanone zum Einsatz gegen Luft- und Erdziele. Die Küstenbatterie Merville mußte unbedingt ausgeschaltet werden. Selbst Bombenvolltreffer hatten den Stahlbetonkasematten nichts anhaben können, und die als letztes Mittel vorgesehene Schiffsartillerie konnte die deutschen Geschütze nur durch Treffer in die Schießscharten zum Schweigen bringen. Aber solche Treffer waren Glückssache: Mit ihnen durfte man praktisch nicht rechnen.

Ein Geschwader von 100 Lancaster-Bombern, die kurz nach Mitternacht mit einem Hagel von 1800-kg-

Bomben angriffen, verfehlten ihr Ziel, trafen aber einige Kühe und hinterließen zahlreiche tiefe Krater, in denen die Angreifer Deckung finden konnten.

In den letzten vier oder fünf Minuten des Fluges von England nach Frankreich zwang Flakbeschuß die Piloten zu Ausweichmanövern, die dazu führten, daß der Bataillonskommandeur im Garten eines deutschen Stabsgebäudes landete. Der Rest der Truppe war über ein zehnmal größeres Gebiet verstreut, als ursprünglich vorgesehen gewesen war. Aber um 2.50 Uhr hatte der wieder auf die Beine gekommene Oberst 150 Mann um sich gesammelt, die ein schweres Vickers-MG, ein Minimum an Nachrichtengerät und 20 Rohre mit Reihenladungen mitbrachten. Jeeps, Sechspfünder, Granatwerfer, Minensuchgeräte und Pioniere waren irgendwo im Gelände verstreut. Mit dieser Streitmacht, die er in Kompanien zu etwa 30 Mann und kleinere Gruppen mit Sonderaufträgen aufteilte, wollte der Oberst die Küstenbatterie angreifen.

Zum Glück war der kleine Spähtrupp gut abgesetzt worden, hatte wie vorgesehen einen festen Stützpunkt eingerichtet, war durch die äußeren Drahtsperren eingedrungen und lag jetzt an den inneren, wo die Engländer die genauen Positionen der Deutschen aus mitgehörten Gesprächsfetzen zu bestimmen versuchten. Ein zweiter Trupp hatte drei Gassen durch die Minenfelder geräumt und mit Trassierband gekennzeichnet.

Der Angriff auf die Batterie war sorgfältig geplant und gründlich geübt worden. Jeder Mann des 8. Fallschirmjägerbataillons und der 591. Fallschirmstaffel, einer kleinen Freiwilligeneinheit der Pioniere, die den Auftrag hatte, mit drei Lastenseglern auf der deutschen Stellung zu landen, hatte jeden Quadratmeter auf Luftaufnahmen und anhand großer Modelle studiert. Wenn der Angriff Erfolg haben sollte, mußte alles wie am Schnürchen ablaufen.

Noch wenige Minuten vor dem Auftauchen zweier Lastensegler über der Batterie hatte nichts darauf hingewiesen, daß die Deutschen auf einen bevorstehenden Angriff gefaßt sein könnten. Aber sobald die 150 Mann des Bataillons den vorgeschobenen festen Stützpunkt erreichten, hämmerten zehn feindliche MGs – davon sechs außerhalb der Drahthindernisse – los. Das war kurz vor halb fünf Uhr.

Daß das Luftlandeunternehmen mit den Lastenseglern fehlschlagen würde, war sofort zu erkennen. Ein Lastensegler hatte sich unterwegs von seiner Schleppmaschine losgerissen, und die beiden verbliebenen, von denen einer über dem Kanal in Turbulenzen geraten war, wurden von wütendem Abwehrfeuer aus den 2-cm-Maschinenkanonen der Batteriestellung empfangen. Beiden Piloten fiel es schwer, die genaue Position der Küstenbatterie auszumachen, und einer von ihnen hielt das Dorf Merville für die Batterie. Dazu kam noch, daß die am Boden Wartenden nicht imstande gewesen waren, wie ursprünglich vereinbart Leuchtkugeln zu schießen, um die Lastensegler ins Ziel zu führen. Einer landete in 6,5 Kilometer Entfernung, so daß seine Besatzung sich nur noch der Brigade in Le Mesnil anschließen konnte, während der andere knapp ein Minenfeld verfehlte und keine 200 Meter von dem englischen Stützpunkt entfernt nach einer Bruchlandung in Flammen aufging.

Die zum Teil verwundete Besatzung entkam aus der in Brand geratenen Maschine, verteidigte sich vier Stunden lang gegen die in Zugstärke angreifenden Deutschen und verhinderte, daß die Verteidiger der Batteriestellung Verstärkung erhielten.

In diesem Augenblick, ein oder zwei Minuten nach halb fünf, begann der Angriff. Drei kleine Trupps sprengten Breschen in die Drahthindernisse, und die Stoßtrupps folgten den Trassierbändern durch das Minenfeld, die Bombenkrater und die Drahtsperren. Während der Hauptangriff von Südosten erfolgte, führten ein Sergeant und sechs Mann zur Ablenkung einen Scheinangriff gegen das Haupttor im Norden.

Nach halbstündigem, auf beiden Seiten verbissen geführtem Nahkampf blitzte das Signal auf, das den Sieg der Angreifer meldete. Der Kampf war von schemenhaften Schattengestalten vor einem Hintergrund aus Rauchschwaden, Flammen und Detonationen geführt worden. Eines der deutschen Geschütze war durch zwei gleichzeitig abgefeuerte Granaten zerstört worden; die anderen drei wurden durch geballte Ladungen unbrauchbar gemacht. Ein bereits tödlich verwundeter Leutnant überzeugte sich davon, daß die Zerstörung gelungen war, und brachte die Zahl der englischen Gefallenen mit seinem Tod auf 37. Von den 30 Verwundeten hatten 20 schwere Verwundungen erlitten. Keiner der Männer der Stoßtrupps war über 21; nur wenige von ihnen besaßen Kampferfahrung.

Am frühen Abend hatten die beiden Brigaden der englischen 6. Luftlandedivision, die jetzt sorgenvoll auf Verstärkung aus Lastenseglern und Schiffen warteten, ihre Aufträge ausgeführt und einen Brückenkopf beiderseits des Caen-Kanals und der Orne erobert. Sie waren durch das Eintreffen der 1. Commandobrigade verstärkt worden und hatten alle Straßen nach Osten abgeriegelt. Ihr weiteres Schicksal hing von dem Erfolg oder Mißerfolg der englischen 3. Infanteriedivision ab, die auf dem linken Flügel der alliierten Landungsoperationen die Vorhut bildete.

Bis zum Abend wurde jedoch klar, daß die Ausweitung des Landekopfes zu langsam vor sich ging. Die Infanterie hatte sich zu früh eingegraben, anstatt landeinwärts vorzustoßen. Am Strand kam es zu Verkehrsstaus, die den englischen Vormarsch bis zum frühen Nachmittag behinderten, und Feuchtingers Panzer, die endlich klare Einsatzbefehle erhalten hatten, stießen bei Lion-sur-Mer mit fast 90 Fahrzeugen zum Meer vor. Trotzdem hatte dieser durch die englische Landung erzwungene Einsatz der deutschen Panzer die Fallschirmjägerbrigaden vor der Vernichtung gerettet.

Links, rechts und Mitte

Um den Brückenkopf beiderseits der Orne wurde schon seit sechs Stunden gekämpft, als Hobarts Panzer an der Spitze von englischen und kanadischen Truppen an den zwischen Felsen liegenden Stränden vor Ouistreham und Lion-sur-Mer, Langrune und Courselles, La Rivière und Le Hamel landeten. Weit rechts von ihnen, jenseits der ins Meer vorspringenden Felsen von Port-en-Bessin, lagen die Amerikaner seit einer Stunde im Feuer aus den deutschen Stützpunkten entlang der zehn Kilometer langen „Omaha Beach". Die Hoffnungen auf eine Überraschung im Osten würden sich also nicht erfüllen, aber für den von Schiffen beschossenen und aus der Luft angegriffenen Gegner konnte das keinen großen Unterschied bedeuten.

Ein Rauchvorhang schirmte den gesamten linken Flügel der Engländer vor den schweren Geschützen der Küstenbatterien in Le Havre ab, die Dutzende von Luftangriffen überstanden hatten und für die großen Geleitzüge, die zwölf Kilometer vor der Küste ihre Landungsfahrzeuge zu Wasser brachten, eine größere Gefahr darstellten als der starke Seegang. Deutsche Schnellboote stießen in diesem Augenblick aus Le Havre vor, tauchten kurz aus dem Rauch auf und schossen vier Torpedos ab, von denen einer einen norwegischen Zerstörer versenkte, während ein anderer das Kommandoschiff, HMS *Largs*, zu einem Ausweichmanöver mit voller Kraft zurück zwang; die beiden übrigen liefen zwischen den Kriegsschiffen hindurch, ohne Schaden anzurichten.

Trotzdem wirkte die Stunde, für die die Engländer seit Dünkirchen ausgebildet worden waren, die sie vorbereitet und von der sie geträumt hatten, in diesen Augenblikken, in denen sie anbrach, gewissermaßen irreal und merkwürdig still. Viele der Männer in den Landungsfahrzeugen hatten das Gefühl, eine Antiklimax zu erleben, und die Vielfalt der Eindrücke erzeugte die Empfindung, hier liefen hundert verwirrend unterschiedliche Schlachten nebeneinander ab. Der entsetzte Schmerzensschrei eines Getroffenen war seinen „Kameraden", die zwanzig, dreißig Meter von ihm entfernt waren, bereits völlig gleichgültig. Eine Schlacht besteht stets aus der Gesamtheit ihrer Teile.

So war ein Rudergänger zu sehen, der hinter seinem Landungsboot im Wasser hing und es steuerte, indem er als menschliches Ruderblatt fungierte. Hier und dort trieben Schwimmer und Ertrinkende im Meer, aber die Landungsfahrzeuge liefen an ihnen vorbei zum Strand, als würden sie von dem tosenden Feuerorkan ihrer Nahunterstützungsschiffe vorwärtsgeschoben, die mit 12-cm-Geschützen, Raketen, Oerlikons und MGs den Landekopf beschossen, während Panzer und Feldartillerie von ihren Schiffen aus an dieser Beschießung teilnahmen. Minen, Werfergranaten und Granaten zerfetzten kleine Landungsboote, so daß Wrackteile durch die Luft wirbelten und das Meer bedeckten; Detonationen schienen die Eingeweide größerer Schiffe zu zerreißen und ihre Rümpfe in Feuerhöllen zu verwandeln, in denen es erstaunlicherweise einzelne Überlebende gab.

Der starke Wind drückte die hereinkommende Flut über die am weitesten ins Meer hinausgebauten Sperren, und den Landungsfahrzeugen blieb nichts anderes übrig, als sich von der Flut an Land tragen zu lassen und zu versuchen, zwischen den Hindernissen aus Winkeleisen, Holzpflöcken, Stahlbeton und Stacheldraht hindurchzusteuern. Jeder Mann kannte aus Karten und von Modellen den Verlauf der engen Straßen hinter den Küstendeichen und die schmalen Durchlässe zu den Angriffszielen: das Gut La Riva, Hermanville, den Höhenzug bei Périers-sur-le-Dan und die Straße nach Caen. Aber alle diese Ziele schienen unendlich weit entfernt zu sein, als gingen sie andere Männer in einem anderen Leben an. Die Soldaten der 3. Infanteriedivision, die zu dem Strandabschnitt „Sword“ mit den Unterabschnitten „Queen Red“ und „Queen White“ unterwegs waren, dachten nur an den Strand, den sie erobern sollten, die Minen, die MGs und 8,8-cm-Geschütze, die den gesamten Abschnitt bestreichen konnten. Was danach kam – falls es ein Danach für sie gab –, war eine andere Sache.

Der Angriff sollte um 7.30 Uhr beginnen, und die Panzer sollten um X minus 5 den Strand erreichen. Die Force S (wie „Sword“) hatte ihre DD-Schwimmpanzer fünf Kilometer vor der Küste zu Wasser gebracht, und es war klar, daß ihre Besatzungen, die 13./18. Husaren, sich als glänzende Seeleute würden bewähren müssen, um sie rechtzeitig oder überhaupt an Land zu bringen. Die tief im Wasser liegenden Fahrzeuge waren mit ihrem Tarnanstrich in den über einen Meter hohen Wellen fast unsichtbar: In Kiellinie fahrende Panzerlandungsschiffe, die ihren Kurs kreuzten, rammten und versenkten zwei und hätten vielleicht ein Dutzend gerammt, wenn sie nicht durch eine kurzliegende Raketensalve zu einer Kursänderung gezwungen worden wären.

Als das Trommelfeuer der Kriegsschiffe zurückverlegt wurde, war die Meeresoberfläche in Strandnähe mit Landungsfahrzeugen und Wrackteilen bedeckt. Fast auf die Minute pünktlich krochen die englischen Minenräumpanzer über den Strand, und acht Stoßtrupps griffen die schwer gesicherten Strandausgänge an, während hinter ihnen die ganze eigenartige Menagerie gepanzerter Ungetüme folgte: Brückenlegepanzer, Bobbins (die einen drei Meter breiten Segeltuchteppich legen konnten), mit Zapfenmörsern ausgerüstete Panzer und 33 der 40 DD-Schwimmpanzer, die gerade rechtzeitig genug eintrafen, um der Infanterie bei ihrem Sturmlauf über den offenen Strand Feuerschutz zu geben.

Innerhalb weniger Minuten vermehrten Panzerwracks das Inferno um eine nahezu groteske Dimension. Ein Minenräumpanzer, der seine Ketten verloren hatte, lieferte sich weiter ein Duell mit einem deutschen Pakgeschütz, ein anderer fuhr im Kreis, ein Brückenlegepanzer verlor seine Brücke, und irgendwo blieb ein DD-Schwimmpanzer in deutschen Stahlhindernissen hängen. Englische Pioniere verließen ihre liegengebliebenen Panzerfahrzeuge und machten sich daran, Minen mit der Hand zu räumen. Soldaten sprangen von brennenden Landungsbooten ins Wasser und kämpften sich an Wrackteilen und Gefallenen vorbei zum Strand vor.

Auf dem rechten Flügel stieß das 1. Bataillon des

South Lancashire Regiments, das die Angriffsspitze der 8. Infanteriebrigade bildete, hinter den Panzern rasch über den Strand vor und griff die deutschen Stützpunkte an. Das 2. Bataillon, das links davon eingesetzte East Yorkshire Regiment, brauchte länger, um sich am Strand festzusetzen. Das feindliche Granatwerfer- und Gewehrfeuer war im gesamten Landegebiet sehr stark und wurde durch deutsche Pakgeschütze auf dem Höhenzug bei Périers und die Divisionsartillerie verstärkt, die zur Entfernungsmessung die englischen Sperrballone benützte.

Allmählich entwickelte sich aus dem scheinbaren Chaos, dem Durcheinander und den am Strand liegengebliebenen Fahrzeugwracks eine gewisse Ordnung. Um 9.30 Uhr hatten Hobarts Panzer, deren Besatzungen von den 22. Dragonern, den Westminster-Dragonern und zwei Abteilungen des 5. Sturmregiments gestellt wurden, sieben der acht Strandausgänge freigekämpft. Die Sturmabteilungen sammelten sich bei dem Gut La Riva und wurden dann zur Unterstützung der Commandos, die um die Schleusen bei Ouistreham kämpften, eingesetzt, stießen nach Lion-sur-Mer vor und bildeten später die Angriffsspitze der auf der Straße nach Caen vorgehenden Infanterie.

Das South Lancashire Regiment stand schon nach kurzer Zeit zweieinhalb Kilometer landeinwärts bei Hermanville vor dem wichtigen Höhenzug nördlich von Périers, der von Feuchtingers Pakgeschützen starrte und von Einheiten der 716. Jägerdivision verteidigt wurde. Aber die englische 8. Infanteriebrigade hatte ihren Angriffsschwung eingebüßt. Die Panzervorstöße blieben in feindlichem Feuer liegen, und die Infanterie grub sich bei Hermanville ein. Die Männer waren optisch und gedanklich allzu lange auf den Strand fixiert gewesen, so daß ihre nervöse Erschöpfung jetzt – nachdem dieses erste Ziel mehr als erreicht war – gebieterisch eine Pause forderte. Bis elf Uhr sammelte die 185. Brigade dann ihre drei Bataillone in den Obstgärten jenseits von Hermanville und hätte sofort zum Angriff auf die Höhen bei Périers antreten sollen – nicht nur um die Straße nach Caen freizukämpfen, sondern auch zur dringend erforderlichen Entlastung des Brückenkopfes an der Orne. Wo die Commandos unerschrocken durchmarschiert waren, kam die Infanterie unter wenig begeisternder Führung nur schablonenhaft langsam voran.

Daß der Landekopf so langsam ausgedehnt wurde, war jedoch auch auf die Truppen- und Panzeransammlungen zurückzuführen, die die Strände zu räumen versuchten und dabei die engen Küstenstraßen jenseits der Strandausgänge blockierten. Die Panzer der Staffordshire Yeomanry, die den Auftrag hatten, den Vorstoß der King's Shropshire Light Infantry entlang der Straße nach Caen zu begleiten, konnten sich nicht aus dem allgemeinen Durcheinander frei machen. Es war schon spät, als die deutschen Pakgeschütze auf den Höhen bei Périers endlich zum Schweigen gebracht worden waren, und die Shropshires begannen ihren Marsch allein.

Die Infanterie tat alles, was von ihr verlangt wurde, aber das genügte nicht. Die East Yorkshires hatten schwere Verluste erlitten – fünf Offiziere und 60 Mann waren gefallen, über 140 waren verwundet –, aber ihre Aufträge erfüllt. Die Shropshires marschierten von

Hermanville aus ohne Flankenschutz geradewegs in feindlich besetztes Gebiet. Eine Kompanie brachte eine Batterie zum Schweigen, die die Vormarschstraße aus geringer Entfernung beschossen hatte, und um 16 Uhr erreichte das Bataillon, das inzwischen durch die Sturmgeschütze und Panzer der Staffordshire Yeomanry verstärkt worden war, mit Biéville einen kaum noch sechs Kilometer von Caen entfernten Ort.

Tatsächlich war die Lage entschieden riskanter geworden, denn Feuchtinger hatte endlich klare Befehle erhalten, Rommel befand sich auf der Rückfahrt zu seinem Hauptquartier, Hitler war von seinen Schlaftabletten aufgewacht, und die deutschen Panzer rasselten zum Gegenstoß heran. Bei Biéville trafen 24 deutsche Panzer als Vorhut einer starken Kampfgruppe der 21. Panzerdivision, die eine Lücke in der englischen Front suchte, frontal auf die Shorpshires und ihre Panzer.

Die englischen Sturmgeschütze schossen fünf der angreifenden Panzer ab, worauf die Deutschen sich zurückzogen. Trotz drohender Panzerangriffe bemühten die Shropshires sich, noch weiter vorzustoßen; sie wurden jedoch durch starkes Feuer von den bewaldeten Höhen bei Lebisey zum Stehen gebracht. Ihre Verluste wuchsen ständig, die Deutschen konnten jederzeit wieder mit Panzern angreifen, und die links und rechts vorgehenden Bataillone der 185. Brigade kamen nur sehr langsam voran. Das bedeutete, daß Caen offenbar nicht mehr zu erreichen sein würde.

Aber Feuchtingers Panzer griffen nicht wieder an. Die Engländer, die jetzt den Höhenzug bei Périers hielten, hatten die Kampfgruppe nach Westen abgedrängt, und nachdem ihre Spitze zuerst von den Shropshires und dann von englischer Artillerie abgewiesen worden war, stießen die 90 Panzer jetzt in die breite Lücke zwischen den englischen und kanadischen Landungen nach Norden vor. Dort gab es nichts, mit dem sie hätten aufgehalten werden können.

Das Hauptgewicht der englischen Amphibienlandungen lag auf dem rechten Flügel: an dem Strand mit dem Decknamen „Gold“, der leicht nach Norden vorsprang, an einigen Stellen mit schwer zu überwindenden Tonadern durchsetzt war und im Westen von den starken deutschen Stützpunkten Arromanches und Le Hamel sowie im Osten von La Rivière verteidigt wurde. Ein Sanatorium in Le Hamel, das durch seine besonders geschützte Lage nicht von See aus beschossen werden konnte und zum Meer hin durch gewaltige Stahlbetonwälle gesichert war, starrte geradezu von Geschützen, die den Strand oberhalb der Hochwassermarke der Länge nach beschießen konnten. Die Seitenrichtfähigkeit dieser Geschütze war zugunsten stärksten Schutzes gegen Schiffsartillerie so sehr beschnitten worden, daß sie keine Schiffsziele beschießen konnten. Diese Batteriestellung hatte zahlreiche Luftangriffe überstanden. Hinter ihr erstreckten sich gefährliche Sümpfe. La Rivière am linken Flügel war nicht weniger stark befestigt, aber dort gab es keine auffälligen Einzelstellungen.

Niemand bezweifelte, daß die englische 50. Division, die Northumbrian Division, auf erbitterte Gegenwehr stoßen würde, sobald ihre ersten Brigaden in den von Hobarts Minenräumpanzern geräumten zwölf Abschnitten den Strand betraten. Die 50. Division hatte bereits in

Frankreich, Nordafrika und Sizilien gekämpft – bei Dünkirchen, Gazala, Marsa Matruh, El Alamein, an der Mareth-Linie, bei Wadi Akarit und Catania. Am Morgen des 6. Juni 1944 fuhren ihre Brigaden und Bataillone in Landungsfahrzeugen über das stürmisch bewegte Meer zu den Stränden von Le Hamel und La Rivière, um ein neues Kapitel ihrer Divisionsgeschichte aufzuschlagen.

Sobald man der Frage nachgeht, weshalb ein Strandabschnitt wichtiger als andere gewesen sein sollte, zeigt sich, daß alle Glieder einer Kette waren, die als Ganzes halten mußte. Die Notwendigkeit, den linken Flügel der englischen 2. Armee zu schützen und zu verhindern, daß deutsche Panzerkräfte und sonstige Verstärkungen die Normandie erreichten, stand von Anfang an fest. Auf dem rechten Flügel mußte Arromanches, wo die Engländer ihren künstlichen Hafen anlegen wollten, so rasch wie möglich besetzt werden; dort kam es auch darauf an, die Verbindung zu den Amerikanern herzustellen, indem Port-en-Bessin, ein Hafen mit direkter Eisenbahnverbindung nach Bayeux, genommen wurde. Und in der Mitte mußten die Kanadier, die zweifellos das schwierigste Landegelände mit Riffen, Klippen und Strandhindernissen zugeteilt bekommen hatten, so rasch wie möglich ins Landesinnere vorstoßen, damit der Mittelteil der Front genügend Tiefe erhielt.

Östlich der Kanadier im Abschnitt „Juno“, der von Courselles bis Lion-sur-Mer reichte, und westlich des englischen rechten Flügels im Abschnitt „Gold“ lag ein Küstenstreifen mit gefährlichen Felsen, die mit den Rochers du Calvados begannen. Auch dort mußte gelandet werden, um eine Verbindung zwischen den

Landeköpfen herzustellen. Dieser gefährliche Auftrag fiel den 41., 47. und 48. Royal Marine Commandos zu.

Um 7.25 Uhr landeten die ersten Minenräumpanzer und Panzer der Westminster-Dragoner und der 81. und 82. Sturmpionierabteilungen an den Stränden von Le Hamel und La Rivière. Dort zeigte sich augenblicklich, daß es weder Schiffsartillerie noch Bombern gelungen war, die deutschen Geschütze zum Schweigen zu bringen – vor allem nicht die von rechts schießenden. Ein auf den Klippen westlich von Le Hamel stehendes deutsches 8,8-cm-Flakgeschütz traf das vorderste Panzerlandungsschiff mittschiffs, demolierte den Maschinenraum und ließ das Schiff breitseits auf den Strand auflaufen. Bei dem Versuch, die Minenräumpanzer aus dieser Position anzulanden, sank das erste Fahrzeug, so daß die übrigen festlagen, bis die Ebbe einsetzte.

Nur einer der Minenräumpanzer am rechten Flügel der 231. Brigade schaffte es, eine Gasse durch die Minenfelder am Strand zu räumen, während die anderen liegenblieben, weil sie ihre Ketten durch Minen oder das Feuer schwerer MGs verloren. Hereinkommende Landungsfahrzeuge, die von Wind und Seegang förmlich an Land geworfen wurden, rammten Hindernisse und liegengebliebene Panzer, so daß sich das Durcheinander in Strandnähe ständig vergrößerte.

Der Abteilungskommandeur der am rechten Flügel eingesetzten Sturmpioniergruppen fiel gleich zu Anfang im Turm seines Pionierpanzers, aber viele vorerst bewegungsunfähig gewordene Panzer erwiderten das feindliche Feuer mit ihren Kanonen und waren für viele ebenso wichtig als Deckung, wie sie für andere hinderlich waren.

Aber weiter im Osten, außerhalb des Schußbereichs der deutschen Stützpunkte in Le Hamel, kamen die am linken Flügel der Brigade eingesetzten drei Sturmpioniergruppen gut voran. Während Minenräumpanzer den Strand abtrommelten und durch detonierende Minen, Schlick und Sand weiterrumpelten, um die Küstenstraße zu erreichen, legten die „Bobbins“ Segeltuchbahnen über weichen bläulichen Ton. Gleichzeitig krochen Faschinen- und Brückenlegepanzer mit ihren sperrigen Lasten über den Strand, um Bombenkrater auszufüllen, Panzergräben und -hindernisse zu überbrücken und Abflußmöglichkeiten für die Massen von Panzern und Radfahrzeugen zu schaffen, die unaufhaltsam zu den Stränden nachdrängten.

Da die DD-Schwimmpanzer bei dem herrschenden Seegang unmöglich mit eigener Kraft zum Strand fahren konnten, wurden sie zurückgehalten, um später angelandet zu werden und die Feuerkraft der anfangs eingesetzten Panzerverbände entscheidend zu verstärken. Aber bis dahin wurden die Angriffsspitzen von Minenräumpanzern und den sie unterstützenden Pionierpanzern gebildet.

Schon nach weniger als einer Stunde hatten Hobarts Panzer sich aus dem Durcheinander am Strand gelöst, vier der sechs Strandausgänge bei Le Hamel geräumt und sich an die Spitze des Vormarsches der vordersten Bataillone der 231. Brigade gesetzt. Petard-Panzer bekämpften befestigte Häuser, Bunker und Widerstandsnester, die sonst ganze Züge oder Kompanien – unter Umständen stundenlang – aufgehalten und schwere Verluste bei den Angreifern bewirkt hätten.

An der Front der 69. Brigade bei La Rivière kämpften die Minenräum- und Pionierpanzer der Sturmpioniergruppen sich gemeinsam mit der Infanterie über den Strand vor, der unter starkem Granantwerfer-, Pak- und MG-Beschuß aus Häusern und geschickt angelegten Bunkern des deutschen Stützpunktsystems lag. Von den sechs Strandausgängen wurden drei vom Wasser bis zum Rand des Sumpfgebietes jenseits der Küstenstraße frei gemacht. Während die zur Infanterieunterstützung eingesetzten Petard-Panzer einen Bunker nach dem anderen mit ihren riesigen Mörsern knackten, füllten Pionierpanzer Panzergräben mit Faschinen aus, überbrückten Entwässerungsgräben und planierten Fahrbahnen für die zahlreichen Fahrzeuge, die noch angelandet werden sollten. Innerhalb einer Stunde standen Panzer und Infanterie etwa zwei Kilometer landeinwärts und hatten damit die deutschen Küstenstellungen durchbrochen.

Trotzdem war das Blickfeld des einzelnen in der Schlacht so beschränkt, daß die Männer des 1. Bataillons des Hampshire Regiments, das auf dem rechten Flügel an der Spitze kämpfte, die oben getroffene Feststellung vermutlich nicht unterschrieben hätten. Bei ihnen hatten die Tabletten gegen Seekrankheit wenig geholfen. Sie wurden nach stürmischer Überfahrt 30 Meter vom Strand entfernt in hüfttiefes Wasser geschickt, dessen Sog an ihnen zerrte, während sie sich zum Strand vorkämpften. Ihre Landung war von Sturmgeschützen und Feldartillerie unterstützt worden, die von ihren Landungsschiffen aus geschossen hatten, und die Männer hatten auf dem letzten Kilometer feindliches Granatwerfer- und MG-Feuer wahrgenommen. Rauch und

Flammen verdeckten den Strand, aber das Abwehrfeuer zeigte, daß die Luftangriffe und die Beschießung durch Schiffsartillerie weniger wirkungsvoll als erwartet gewesen waren.

Am Strand, wo die Männer des 1. Bataillons zunächst noch verhältnismäßig ungefährdet waren, bis sie in das seitliche Feuer der deutschen Geschütze bei Le Hamel gerieten, sahen sie nur das Durcheinander aus liegengebliebenen Panzern und merkten bald, daß es für zwei Drittel von ihnen keine Gassen durch die Minenfelder gab. Starkes deutsches Abwehrfeuer brachte ihren Vorstoß über den Strand zum Stehen, ohne daß die Schiffsartillerie hätte unterstützend eingreifen können.

Nachdem ihr Bataillonskommandeur mit zwei Verwundungen ausgefallen und sein Stellvertreter gefallen war, blieb nichts anderes übrig, als den Direktangriff abzubrechen. Der linke Flügel des Bataillons wich nach Osten aus, nahm Les Roquettes – eigentlich ein Angriffsziel der links neben ihm eingesetzten 1. Dorsets –, schwenkte nach rechts, besetzte Asnelles-sur-Mer und machte sich daran, das Sanatorium bei Le Hamel zu stürmen. Aber es wurde Nachmittag, bevor das Sanatorium, das allen Infanterieangriffen widerstand, endlich durch die vernichtenden „Mülltonnen“ eines Petard-Panzers, der zu den wirkungsvollsten Sonderfahrzeugen Hobarts gehörte, geknackt wurde.

Inzwischen waren die 1. Dorsets, die außer Reichweite der deutschen Geschütze kämpften, unter dem Feuerschutz ihrer Minenräum- und Pionierpanzer über den Strand gestürmt und nach rechts eingeschwenkt, um die niedrige Anhöhe südlich von Arromanches zu besetzen.

Am Strand von La Rivière erlebten das 5. und 6. Bataillon des East Yorkshire Regiments, die an der Spitze der 69. Brigade kämpften, wie wichtig die Unterstützung durch ihre Panzer war. Infanterie und Panzer landeten unter dem Feuerschutz der Nahunterstützungsschiffe, stürmten die Strandbefestigungen in reibungslosem Zusammenwirken, kämpften sich durch den von den Deutschen zäh verteidigten Ort durch und stießen landeinwärts vor. Das Abwehrfeuer war stark gewesen – aber nicht stark genug, um ihren ersten Angriffsschwung zu brechen, und wenn die Angreifer über den Strand hinweg waren, hatten sie praktisch schon gewonnen. Die Invasoren hätten nur im seichten Wasser und am Strand zurückgeschlagen werden können.

Bis elf Uhr waren im Abschnitt „Gold“ sieben Strandausgänge geöffnet worden, die DD-Schwimmpanzer stießen rasch landeinwärts vor, und die 56. und 151. Brigade hielten in der Mitte mit ihnen Schritt, um dem Gegner keine Atempause mehr zu gönnen. Schon lange vor dem Fall des Sanatoriums Le Hamel war der Landekopf fünf Kilometer tief: Die 56. Brigade kam auf beiden Seiten der Straße La Rivière-Bayeux gut voran, die 151. Brigade stieß links von ihr ins Seulles-Tal vor, während die wiederum links von ihr kämpfende 69. Brigade Creuilly als Ziel hatte. Selbst der in Le Hamel aufgehaltene rechte Flügel hatte die Straße Arromanches–Bayeux überschritten, und das 47. Royal Marine Commando marschierte nach Westen, um Port-en-Bessin anzugreifen.

Das Commando übertraf alle anderen Einheiten. Nach stürmischer Überfahrt hatten sie bei einem Landungsversuch westlich von Le Hamel durch feindliches Feuer vier ihrer 14 Landungsfahrzeuge verloren. Nachdem sie auf diese Weise nach Osten abgedrängt worden waren, hatten sie in der Hoffnung, dort englisch besetztes Gebiet vorzufinden, einen zweiten Landekopf östlich von Le Hamel gebildet. Aber dieses Gebiet befand sich noch in deutscher Hand. Sie hatten sich durch die Küstendörfer durchgekämpft, wobei jeder Mann 40 Kilogramm Gepäck mitschleppte, und bis zum frühen Nachmittag über 15 Kilometer zurückgelegt. Als sie endlich Verbindung zur 231. Brigade bekamen, hielten sie die Anhöhen südlich von Port-en-Bessin besetzt. Niemand hatte an diesem Tag mehr geleistet; nur sehr wenige hatten auch nur die Hälfte der Leistung dieser Männer erbracht.

Als die Kanadier mit zwei Brigaden rechts und links der Seulles-Mündung an Land stürmten, war der gefährliche Strandstreifen durch die hereinkommende Flut an den schmalsten Stellen auf knapp 100 Meter Breite verringert worden, und auf den Flügeln wurde seit ein bis zwei Stunden gekämpft. Die Kanadier hatten nicht die Absicht, hinter ihren englischen Kameraden zurückzustehen.

Die kanadische 7. Brigade mit dem Royal Winnipeg Regiment und den Regina Rifles an der Spitze landete westlich des Flusses Seulles und kam der links eingesetzten kanadischen 8. Brigade um ein bis zwei Minuten zuvor. Begleitet wurde dieser Vorstoß von acht, vielleicht auch zehn DD-Schwimmpanzern der kanadischen 1. Husaren. Die Panzer waren 700 Meter vor der Küste zu Wasser gebracht worden, hatten schwer mit dem Seegang zu kämpfen gehabt, waren ständig in Gefahr gewesen, vollzuschlagen, hatten sich ihren Weg durch ein Gewirr von im seichten Wasser eingerammten Holzpfählen gebahnt, die an einen versteinerten Wald erinnerten, und waren schießend aus dem Wasser gekrochen, um feindliche Stützpunkte aus nächster Nähe zu bekämpfen. Jeden, der sich selbst in dieser Lage einen Sinn für das Komische bewahrt hatte, mußten sie an absurde alte Meeresungeheuer erinnern, die mühsam an Land paddelten.

Auf dem linken Flügel stürmten das Queen's Own Regiment of Canada und das North Shore Regiment der kanadischen 8. Brigade ohne Panzerunterstützung voraus. In der halben Minute bis zum Deich erlitt das Queen's Own Regiment durch deutsche MG-Feuer schwere Verluste, bis es die erste Deckung erreichte. Die Landungsfahrzeuge mit den Pionierpanzern kämpften noch mit dem hohen Seegang und den Hindernissen in den Untiefen, und die DD-Schwimmpanzer wurden erst an Land gebracht, als die vorwärtsdrängende Infanterie schon weit entfernt war, die Deutschen aus Courselles und Bernières vertrieb und weiter vorstieß. Als das Regiment de la Chaudière eine Viertelstunde später landete, fiel kaum noch ein Schuß.

An diesem 6. Juni um 8.30 Uhr, mit einer Stunde Verspätung, wurden die kanadischen Bataillone von Wind und Wellengang getrieben an die normannische Küste geworfen und gelangten mit diesem Schwung auch gleich über den Strand. Die gefährlichen Untiefen dieser Felsküste zwangen die Landungsfahrzeuge dazu, auf die Flut zu warten, und sobald die Riffe hinter ihnen lagen, konnten die großen Landungsschiffe nur geradewegs auf die Strandhindernisse zuhalten und das Beste hoffen, während die kleinen Landungsboote versuchten, zwischen dem Gewirr aus Winkeleisen und Holzpfählen hindurchzusteuern. Einmal flogen 20 von 24 Landungsbooten durch Minentreffer in die Luft, und die Männer, die sich aus ihnen an Land retten konnten, wateten unter einem Splitterhagel – den Überresten ihrer Fahrzeuge – zum Strand. „Trümmer flogen bis zu 30 Meter hoch in die Luft“, hieß es in einem Kriegstagebuch, „und Soldaten, die hinter einem Wellenbrecher in Deckung gegangen waren, wurden mit Holzsplittern überschüttet.“

Die Rudergänger der von Wind und Wellen in Richtung Strand getriebenen Landungsfahrzeuge konnten nur die Zähne zusammenbeißen und einen möglichst geraden Kurs steuern. Die ersten drei Landungsboote am linken Flügel der Kanadier flogen in die Luft, aber mit Ausnahme von zwei Gefallenen konnten sich alle aus den Trümmern retten und am Strand den Kampf aufnehmen.

An Bord der Landungsfahrzeuge vor den vielen Strandabschnitten zwischen „Sword“ und „Utah“ gab es viele tapfere Männer, die unbeobachtete Kämpfe gegen Brände und detonierende Munition führten – und zumindest einen Mann namens Jones, der Verwundete aus einem vollaufenden Laderaum rettete und zwei entsetzlich verstümmelte Beine amputierte. Er war kein Arzt, sondern nur ein Krankenpfleger, aber er zeigte sich dieser Aufgabe gewachsen. Es bewährten sich Dutzende von Männern wie dieser Jones, aber keiner von ihnen hatte es so schwer wie die Männer, die den Kanadiern im Abschnitt „Juno“ den Weg ebneten.

Die aus Marinesprengtrupps bestehenden Einheiten, die Fahrrinnen für Landungsfahrzeuge zu schaffen hatten, und ihre an den Stränden eingesetzten Kameraden, die das Durcheinander aus verminten Hindernissen, Fahrzeugen und Männern zu entwirren versuchten, kämpften verbissen und wurden noch von deutscher Divisions- und Korpsartillerie beschossen, als die Strandbefestigungen längst gestürmt und selbst die letzten Heckenschützen ausgeräuchert worden waren. Planierraupen räumten nicht nur Trümmer beiseite, sondern schoben auch auf den Strand aufgelaufene Landungsfahrzeuge ins Meer zurück und gaben ihnen etwas Schwung für die Rückfahrt mit.

Als die Pionierpanzer der 22. Dragoner und der 26. Sturmpioniergruppe den Strand an der Front der kanadischen 7. Brigade erreichten, hatten die die Infanterie begleitenden DD-Schwimmpanzer die stärksten feindlichen Stützpunkte mit ihren 7,5-cm-Pakgeschützen, den schweren Granatwerfern und den MGs bereits niedergekämpft, aber aus einiger Entfernung schlug den Angreifern noch immer heftiges Granatwerfer- und MG-Feuer entgegen. Die Minenräumpanzer wurden dringend benötigt, um für die sich anstauenden Massen von Panzern und Radfahrzeugen Gassen zu den Strandausgängen zu schaffen, und die Petard- und Brückenlegepanzer rasselten hinter ihnen her, um dem Infanterieangriff Druck zu verleihen.

Östlich des Flusses Seulles kam der Angriff gut voran. Auf beiden Flußufern gelang es den Minenräumpanzern noch vor 9.30 Uhr, Strandausgänge zu öffnen, während die Faschinen- und Brückenlegepanzer die tiefsten

Bombentrichter und Entwässerungsgräben überwunden und die Seullesschleusen geöffnet hatten, um einen Bombentrichter, der so groß wie ein Dorfteich und doppelt so tief war, auslaufen zu lassen.

Links davon bei Bernières-sur-Mer hatten Minenräum- und Petard-Panzer Breschen in den dreieinhalb Meter hohen Küstendeich geschlagen und so rasch Strandausgänge geschaffen, daß sie gemeinsam mit der Infanterie gegen Bunker und Stützpunkte vorgehen konnten. Noch vor Mittag rückten die Minenräumpanzer unter dem Kommando der kanadischen 2. Panzerbrigade auf dem rechten Flügel landeinwärts ab.

An den Stränden des Abschnittes „Juno" räumten Hobarts Panzer an diesem Tag zwölf Gassen, und die Strandausgänge waren miteinander verbunden, so daß alle Brigadefronten verknüpft waren. Die DD-Schwimmpanzer, die eine Stunde nach der Infanterie an den Strand gebracht wurden, stießen sofort landeinwärts vor und unterstützten mit ihrer Feuerkraft die Infanterie, die am Gegner blieb, um ihn nicht zur Ruhe kommen und keine zweite Abwehrfront aufbauen zu lassen. Am späten Nachmittag wetteiferte die kanadische 7. Brigade mit der englischen 69. Brigade um die Führung, wobei ihre Aufklärungspanzer bei Bretteville bis an die Straße Bayeux-Caen vorstießen. Links davon löste die kanadische 9. Brigade sich aus dem Chaos am Strand, stieß durch die 8. Brigade hindurch und drang rasch entlang der von Courselles nach Caen führenden Straße vor.

Der mittlere Landekopf zwischen Langrune und Arromanches wies zufriedenstellende Ausmaße auf: Er war 20 Kilometer breit und wurde von Stunde zu Stunde tiefer. Die Engpässe lagen weiter rückwärts – in dem Durcheinander auf schmalen Stränden, auf denen Panzer, Radfahrzeuge und Infanteristen sich bemühten, aus unvorstellbaren Verkehrsstaus herauszukommen. Und auf dem rechten Flügel existierte nach wie vor eine bedrohliche Lücke, weil die bei „Omaha Beach" gelandeten Amerikaner buchstäblich nur meterweise vorankamen.

Unter allen Umständen mußte verhindert werden, daß die deutschen Reserven den Landekopf „Omaha Beach" erreichten, und aus dieser Erwägung heraus verlangsamte Dempsey, der Oberbefehlshaber der englischen 2. Armee, seinen Vormarsch und hielt seine Panzer zurück, um die Amerikaner unterstützen zu können.

Es gibt keine trockenen Landungen, die Männer müssen durch hüft- bis brusttiefes Wasser

Erschöpfte Kameraden werden mit Seilen an Land gezogen

Am Abend des „längsten Tages“

Das Ende des Tages

Generalfeldmarschall Rommel hatte die Bedeutung der ersten 24 Stunden richtig erkannt: sie würden entscheidend sein. Er hatte mehrmals um Erlaubnis gebeten, die 12. SS-Panzerdivision und die Panzerlehrdivision auf die Linie St. Lô–Carentan vorverlegen zu dürfen. Hätten diese beiden Divisionen dort gestanden, wäre der Landekopf „Omaha Beach" zerschlagen worden; dazu wäre es vielleicht noch nicht zu spät gewesen, wenn Rommel am Invasionstag im Führerhauptquartier gewesen und Hitler wachgerüttelt hätte. Als Hitler nachmittags eine Lagebesprechung hielt und die 12. SS-Panzerdivision freigab, war es bereits zu spät.

Was an diesem 6. Juni 1944 zur Abwehr der alliierten Luftlande- und Amphibienoperationen möglich gewesen war, hatten die in der Normandie stehenden deutschen Kräfte leisten müssen. Feuchtinger, dessen 21. Panzerdivision als einzige Einheit für einen Gegenstoß geeignet war, hatte seinem Einsatzbefehl entsprechend rasch auf das englische Luftlandeunternehmen an der Orne reagiert. Aber danach folgte eine lange Zeit der Ungewißheit, die teilweise auf ein Abreißen der Nachrichtenverbindungen zurückzuführen war.

Als die Division schließlich dem LXXXIV. Korps unterstellt wurde, war General Marcks, der Korpskommandeur, der richtigen Auffassung, die größere Bedrohung gehe von der englischen 3. Divison aus und Caen müsse sofort mit starken Kräften abgeschirmt werden. Trotzdem war bereits zuviel Zeit verloren worden, und er hätte besser daran getan, die Division gegen den Brükkenkopf der Fallschirmjäger einzusetzen. Wäre das geschehen, hätten die Deutschen der mit Lastenseglern über den Kanal kommenden englischen Streitmacht einen schrecklichen Empfang bereiten können.

Tatsächlich gelang es Feuchtinger jedoch nicht, seine in Gefechte mit den Engländern verwickelten Infanteriebataillone abzuziehen und seine Pakgeschütze von der 716. Jägerdivision zurückzuholen. Seine Panzer waren von englischen Pakgeschützen auf dem Höhenzug bei Périers zum Abdrehen gezwungen worden, obwohl es ihm hätte gelingen müssen, die englischen Panzer mit seiner eigenen Pak aufzuhalten – wenn er sie nicht hätte abgeben müssen.

Aber die 21. Panzerdivison hielt sich sehr gut. Hätte sie sich nicht durch das eindrucksvolle Bild von 250 Schleppmaschinen, die ihre Lastensegler zu irgendeinem unbekannten Ziel brachten, während der Abendhimmel schwarz von Begleitjägern war, einschüchtern lassen, hätte diese Kampfgruppe bei entsprechend rascher Verstärkung gegen den rechten Flügel der Engländer im Abschnitt „Sword" vorstoßen und einen gefährlichen Keil zwischen Engländer und Kanadier bis zum Strand treiben können.

Sie bekam keine zweite Chance mehr.

Trotzdem ist zweifelhaft, ob dieser Vorstoß der 21. Panzerdivison selbst beim erstenmal geglückt wäre, denn die Nachteile lagen zu eindeutig auf deutscher

Seite. Die absolute alliierte Luftüberlegenheit riegelte den Kampfraum ab, schränkte die Beweglichkeit der Verteidiger ein und verhinderte die Zuführung von Reserven. Bei über 11 000 Einsätzen, die am 6. Juni 1944 von den alliierten Luftstreitkräften geflogen wurden, ging nicht eine einzige Maschine durch deutsche Jäger verloren. Wie Fachleute geschätzt haben, verdreifacht Luftüberlegenheit eine bei Erdtruppen und Erdwaffen vorhandene Überlegenheit. Am D-Day war die alliierte Luftherrschaft überwältigend und entscheidend.

Der weitere Verlauf des Kampfes um die Normandie zeichnete sich schon am Abend dieses ersten Tages ab: Die Engländer und Kanadier banden die gesamten deutschen Reserven, während die Amerikaner auf dem rechten Flügel der Invasionsfront vorstießen. Wäre es den Deutschen gelungen, das amerikanische Landungsunternehmen vor „Omaha Beach“ zu zerschlagen, hätte es zu einer langen Abnützungsschlacht um den dann völlig isolierten englischen Landekopf kommen müssen. Aber die 6. Luftlandedivision und nach ihr die englische 3. Division und die kanadische 3. Division hatten diese Möglichkeit illusorisch gemacht. Vielleicht fürchtete General Bradley einen deutschen Gegenangriff, aber General Kraiss, der Kommandeur der deutschen 352. Jägerdivision, wußte recht gut, daß seine Kräfte nicht für einen Gegenstoß ausreichten.

Die Schaffung einer „offenen rechten Flanke“ war für den Sieg der Alliierten entscheidend, General Montgomery hatte ganz auf diese Strategie gesetzt, und am Ende des ersten Invasionstages wußte er, daß er damit siegen würde.

Rundstedt hatte unterdessen diese Vorverlegung der 12. SS-Panzerdivision nach Lisieux befohlen, und sobald diese Einheit aus der OKW-Reserve freigegeben worden war, erhielt General Kurt Meyer, ihr Kommandeur, den Befehl zum Angriff auf den anglo-kanadischen Landekopf.

Um Mitternacht erreichte die ständigen Luftangriffen ausgesetzte Division mit ihren letzten Treibstoffreserven Evrecy, 14 Kilometer südwestlich von Caen, und mußte dort feststellen, daß ihr Treibstofflager ausgebrannt war. Als sie wieder bewegungsfähig war, bekam sie es mit starken kanadischen Kräften zu tun, die aus dem Strandabschnitt „Juno" vorstießen. Danach neutralisierten die 3. Divisonen der Engländer und Kanadier die Offensivkraft der 12. SS-Panzerdivision und stellten ihre Defensivkraft auf harte Proben.

Die Panzerlehrdivison konnte weder am D-Day noch am Tag danach in die Kämpfe um die Landeköpfe eingreifen.

„Als Ergebnis der Operationen am D-Day haben wir auf dem europäischen Kontinent Fuß gefaßt", konnte General Montgomery melden.

Für General Bradley, den Oberbefehlshaber der amerikanischen 1. Armee, muß die erste Nacht schwere Sorgen und vielleicht sogar – obwohl es dafür keine Beweise gibt – etwas Gewissenserforschung gebracht haben. Auf der anderen Seite hatte General Dempsey, der Oberbefehlshaber der englischen 2. Armee, Grund zu gewisser Zufriedenheit, aber nicht zu Jubel. Dempsey, über den niemals sehr viel geschrieben worden ist, hat sich als guter Stratege und kluger Taktiker bewährt, gehört meiner Überzeugung nach zu den hervorragendsten Soldaten des Zweiten Weltkrieges und zeichnete sich damals – wie noch heute – durch würdevolles Schweigen aus. Er beschränkte sich absolut und mit bemerkenswerter Hingabe auf seinen Kampfauftrag.

Am Abend des 6. Juni 1944 wußte Dempsey, daß seine Armee das Ihre getan hatte. Sie war eine gute Armee, vielleicht die letzte wirkliche „Armee", die Großbritannien jemals hervorbringen würde.

Die Landungsfahrzeuge der ersten Welle, die sofort den Rückmarsch nach England angetreten hatten, waren nachmittags in den kleinen Häfen der Süd- und Südwestküste eingetroffen, hatten rasch Munition, Soldaten und Treibstoff aufgenommen, hatten ihre Geschütze gereinigt und geschmiert und waren zum zweitenmal zur Fahrt durch das Schiffsgewirr der Invasionsflotte ausgelaufen. Tagsüber und die ganze Nacht hindurch mühten die Schlepper sich mit den Pontonen der „Mulberries" ab; sie führten Dutzende von verzweifelten Kämpfen mit Schlepptrossen, Winden und Ketten, um die ihnen anvertrauten sperrigen Schwimmkörper über den Ärmelkanal zu bringen. 40 Prozent der „Whale"-Pontone für die Fahrbahnen am Strand rissen sich los und gingen verloren. Aber die restlichen 60 Prozent waren so reichlich kalkuliert, daß sie vollauf genügten.

Den Bataillons-, Kompanie- und Zugführern an der vordersten Front, die jeweils nur ein winziges Mosaiksteinchen aus dem Gesamtbild kannten, erschien die Lage ziemlich verworren. Sie wußten nur, daß sie „da" waren. Aufklärungsvorstöße, die mit Panzern bis nach Bayeux hinein und entlang der Straße Caen–Bayeux unternommen wurden, endeten mit dem Abbruch dieser gewaltsamen Erkundung, weil der Gegner überall noch zu stark war. Auf dem linken Flügel der Kanadier gähnte bei Anisy, zehn Kilometer vom Strand entfernt, eine Lücke zwischen ihnen und den Shropshires in Biéville. Und durch diese Lücke rasselten Feuchtingers Panzer, während das nur fünf Kilometer entfernte Caen in unerreichbar weiter Ferne zu liegen schien.

Die englische 6. Luftlandedivision, die durch ihre mit Lastenseglern herantransportierten Teile, ihre Artillerie und ihr gesamtes schweres Gerät verstärkt worden war, fühlte sich stark und zuversichtlich. Ihre Soldaten waren dafür ausgebildet, sich selbständig zu behaupten. Sie hielten einen sicheren Brückenkopf, waren sich ihrer Stärke bewußt und würden auch die kommende Nacht, die schon ihre zweite in der Normandie war, unversehrt überstehen. Daß ihre leichten Panzer, die mit eigener Kraft aus den Lastenseglern gekommen waren, zum größten Teil bewegungsunfähig waren, weil Fallschirme und -leinen in ihre Antriebsräder geraten waren und sie blockiert hatten, störte sie nicht weiter.

Aber die Commandos hatten es schwerer. Cabourg wollte nicht fallen. In Sallenelles am linken Flügel, in der fünf Kilometer breiten Lücke zwischen „Sword“ und „Juno“ sowie in der noch größeren Lücke zwischen „Gold“ und „Omaha“ gab es keine Kampfpause.

Auf und vor den englischen und kanadischen Landeköpfen folgte einem seltsamen Tag eine ebenso merkwürdige Nacht. Männer klammerten sich als Schiffbrüchige an Strandhindernisse und Treibgut, an Felsen und Wracks, während Landungsfahrzeuge und die Motorboote von Kriegsschiffen geschäftig an ihnen vorbeibrummten, ohne sich um heisere Hilferufe und die kräftigen Flüche der enttäuschten, wütenden und um ihr Leben fürchtenden Männer zu kümmern. Viele der von auf dem Rückmarsch befindlichen Landungsfahrzeugen Geretteten wurden geradewegs nach England zurücktransportiert, wo die Individualisten unter ihnen sich als „blinde Passagiere" an Bord des nächsten Fahrzeugs schlichen, während die anderen dem umständlicheren Dienstweg vertrauten.

Auch in der Normandie gab es alliierte Soldaten, die tagelang auf der Suche nach ihren Einheiten waren. Aber irgendwann fanden alle Versprengten zu ihrem Truppenteil zurück.

Andere lagen an diesem ersten Nachmittag und Abend in üppig grünen Wiesen und schrieben in Tagebuchaufzeichnungen – nachdem die Schrecken der Seekrankheit und des Angriffs über den Strand hinweg überwunden waren – über Schmetterlinge und Vogelgezwitscher, das ihnen als eigenartig auffiel. Im Küstenabschnitt „Sword" spielten Dudelsackpfeifer „Blue Bonnets", als die (schottische) 9. Brigade der 3. Division an Land kam.

Aus den zerschossenen und ausgebrannten Häusern an den Invasionsstränden zwischen Ouistreham und Arromanches stiegen noch immer graue Rauchfäden hoch, und inmitten des ungeheuren Chaos auf den Stränden, in dem Dschungel aus zerfetzten Fahrzeugen, Panzerketten, Rädern und verbogenem Stahl lagen Gefallene unter ihren Gasschutzdecken und warteten darauf, bestattet zu werden.

Mehrere tausend Mann schrieben nach Hause. Sie

lagen in Kellern, auf Lastwagen, unter Lastwagen, in Splittergräben oder in ehemals deutschen Stellungen. Die Feldküchen kochten. Arbeitskommandos gruben Latrinen. Inmitten des größten Amphibienunternehmens der Geschichte wurde für alle menschlichen Bedürfnisse gesorgt.

Zivilisten standen leicht verwirrt vor den Türen ihrer Häuser, starrten die Ströme von Fahrzeugen und Soldaten an, die sich durch die engen Gassen ihrer Dörfer ergossen, und reagierten kaum noch, weil sie emotional ausgepumpt waren. Manche der alliierten Soldaten hielten die Franzosen für herzlich und freundlich, andere fanden sie mißtrauisch und unfreundlich, wieder anderen erschienen sie gleichgültig. Viele staunten darüber, wie jung – oder wie alt – die gefangenen Deutschen waren, und neigten dazu, die noch bevorstehenden Schwierigkeiten zu unterschätzen. Aber die Männer, die Stützpunkte und Widerstandsnester gestürmt hatten, wußten, daß dieser Optimismus nicht berechtigt war. Die deutsche 716. Jägerdivision war zerschlagen worden, aber ihre Soldaten kämpften in kleinen und kleinsten Gruppen weiter.

Die alliierten Soldaten, die sich in dieser Nacht mit Recht exponiert vorkamen, gehörten zur amerikanischen 82. Luftlandedivision, die Ste.-Mère-Eglise hielt, und der 101. Luftlandedivision in Dutzenden von Widerstandsherden, die sich fragten, wann die „Howell Force“, ihre kleinere Amphibienflotte, eintreffen würde. Sie konnten nicht ahnen, daß ihre Widerstandsherde zusammenwachsen und den amerikanischen Landekopf „Utah Beach“ erheblich vergrößern würden.

Die Soldaten der „Howell Force“ hatten sich alle Mühe gegeben, zu ihren Kameraden vorzustoßen. Sie verbrachten die Nacht unzufrieden in Les Forges, nachdem ihnen der Durchbruch nicht gelungen war, beobachteten die von C-47 geschleppten Lastensegler und sahen viele der motorlosen Flugzeuge jenseits der deutschen Linien landen. Der Gegner hielt einen Höhenzug vor Ste.-Mère-Eglise, und das 3. Bataillon, das diese Höhen stürmen sollte, hatte vergebens Artillerieunterstützung angefordert.

Aber der Landekopf „Utah Beach“ war ungefährdet. Die gesamte 4. Division war lange vor Mitternacht an Land, womit die Amerikaner rund 20 000 Mann und 1700 Fahrzeuge angelandet hatten. Die beiden ersten Regimenter hatten insgesamt zwölf Mann verloren. General Collins machte sich weit größere Sorgen wegen der Tätigkeit – oder Untätigkeit – von Admiral Moon als wegen des Landekopfes. Der General wollte an Land, aber er durfte es nicht riskieren, die *Bayfield* zu verlassen. Der Admiral, der wegen seiner „Verluste“ besorgt war, wollte das Landungsunternehmen nachts einstellen lassen, und der General mußte „Admiral Moon niederhalten“, wie Bradley es ausdrückte.

Genral Gerow, der Oberbefehlshaber des amerikanischen V. Korps, der keine Schwierigkeiten auf See, aber um so mehr an Land hatte, hatte sein Hauptquartier auf den Klippen über „Omaha Beach“ aufgeschlagen. Wie aus dem Kriegstagebuch hervorgeht, gab es dort in dieser Nacht „keine rückwärtigen Gebiete“, keine Ruhe, kein Gefühl der Sicherheit.

Entlang des Strandes gab es noch vereinzelte feindliche Widerstandsnester, und die Schießerei aus dem Hinterhalt ging bis in den nächsten Tag hinein weiter. Tagsüber waren kaum 100 Tonnen Nachschub angelandet worden, und den Männern, die abgekämpft und hungrig ihre Stellungen hinter Vierville, St. Laurent und Colleville hielten, fehlte es an Munition, Schlaf und Verpflegung. Aber sie hatten ihren Kampfesmut gefunden.

Die größte Tiefe des Landekopfes „Omaha" betrug kaum 1500 Meter; es gab dort keine „vorderste Linie", nicht einmal die ursprünglich vorgesehene „Strandbegrenzung". Die amerikanischen Zerstörer waren dicht an die Küste herangelaufen und hatten feindliche Stützpunkte aus Schußentfernungen unter 1000 Metern beschossen. Und die Männer der 1. Division, die geglaubt hatten, nie wieder aufstehen zu können, hatten die Kraft gefunden, um Männern wie Oberst Taylor und Brigadegeneral Cota vom Strand aus landeinwärts zu folgen. Daß sie es geschafft hatten, sich dort festzusetzen, war ein kleines Wunder, aber sie hatten es geschafft – auch ohne Panzerunterstützung. Sie brauchten noch einige Tage, um den Vorsprung ihrer amerikanischen, kanadischen und englischen Kameraden aufzuholen. Aber der befürchtete Gegenangriff kam nicht, weil die deutschen Kräfte nicht mehr dafür ausreichten.

Die Gedanken aller Verantwortlichen von General Eisenhower abwärts, besonders aber auch General Montgomerys und General Dempseys Gedanken kreisten eine Woche lang um das amerikanische V. Korps, als sei es dadurch vorwärtszubringen.

Forrest Pogue schrieb: „Im mittleren Frontsbschnitt

war die ursprüngliche Lücke am Fluß Drôme zwischen dem amerikanischen V. und dem englischen XXX. Korps durch konzentrische Vorstöße amerikanischer und englischer Kräfte bis zum 8. Juni geschlossen worden. Das V. Korps stieß dann durch das *Bocage*-Gebiet in Richtung St. Lô vor, um wenige Kilometer vor der Stadt durch zunehmenden feindlichen Widerstand und Geländehindernisse zum Stehen gebracht zu werden."

An anderer Stelle kommentierte Pogue: „Die Deutschen, die Caen als Tor nach Paris betrachteten, zogen dort ihre Reserven zusammen und hielten die Engländer kurz vor der Stadt auf."

Die amerikanische 1. Division hatte ihre schwersten Kämpfe bei der Landung zu bestehen gehabt. Sie hatte die harte Schale des Gegners durchstoßen, und diese Schale war an ihr zerbrochen. Danach kam sie eine Woche lang fast ohne Widerstand voran.

Trotz dieser späteren Erfolge bleibt General Bradleys Einstellung ein Rätsel.

In einem Bericht des Oberbefehlshabers der alliierten Expeditionsstreitkräfte in Europa hieß es:

„Abgesehen von dem Faktor der taktischen Überraschung waren die verhältnismäßig leichten Verluste, die wir an allen Stränden mit Ausnahme von Omaha erlitten, vor allem auf den Erfolg der von uns eingesetzten neuartigen Geräte und die äußerst starke moralische und materielle Wirkung der mit den ersten Angriffswellen landenden Panzermassen zurückzuführen. Es ist zweifelhaft, ob es den Invasionstruppen gelungen wäre, sich ohne die Unterstützung durch diese Waffen festzusetzen."

Was General Bradley von diesen Ausführungen gehalten hat, werden wir wohl nie erfahren. Warum hatte er die Minenräumpanzer, die Petard-Panzer und die übrigen gepanzerten Sonderfahrzeuge Hobarts abgelehnt?

Chester Wilmot glaubt, daran sei Bradleys Verachtung für „das mangelnde Selbstbewußtsein und die Übervorsichtigkeit“ der Englänger schuld gewesen. Er hatte im Gegensatz zu den Engländern – und den Deutschen – reichlich Menschenmaterial zur Verfügung. Nach Bradleys Überzeugung waren die Engländer und die Deutschen erledigt, was allerdings stimmte.

„Die Analyse zeigt deutlich, daß die amerikanischen Truppen einen hohen Preis für die Weigerung ihrer Befehlshaber, Montgomerys Angebot, ihnen einen Teil von Hobarts Spezialpanzern abzutreten, anzunehmen, zu zahlen hatten.“

Liddell Hart ergänzt noch, daß dies um so bemerkenswerter war, als die Minenräumpanzer amerikanische Sherman-Panzer mit einem Zusatzgerät waren, „so daß keinerlei Anpassungsschwierigkeiten entstanden wären“.

Möglicherweise konzentrierte Bradleys akute Anglophobie sich auf General Montgomery. Jedenfalls hatten die Amerikaner am D-Day im Abschnitt „Omaha Beach“ darunter zu leiden.

Aber in der Nacht zum 7. Juni lag das alles längst hinter ihnen. Allen Regiments- und Bataillonskommandeuren kam es jetzt darauf an, ihre Truppe fest in die Hand zu bekommen, um so schnell wie möglich die Invasionsziele zu erreichen.

Auf alliierter Seite waren am D-Day nicht mehr als

2500 Mann gefallen, davon 1000 im Abschnitt „Omaha Beach“. Auf Towton Field waren am 29. März 1461 33 000 Mann durchs Schwert umgekommen und hatten dort ihr Grab gefunden. Am ersten Tag der Sommeschlacht des Jahres 1916 waren fast 20 000 Engländer gefallen. Diese Zahlen werfen ein grelles Licht auf das Ende einer langen Periode in der Geschichte der Kriegführung und bezeichnen den Anfang einer neuen, unendlich schrecklicheren und entsetzlicheren Entwicklung. Der Krieg war zu einem Kampf von Maschinen gegen Maschinen geworden. Hunderttausende von Tonnen Sprengstoff, Kupfer, Wolfram, Bronze, Eisen, Stahl, Bomben, Ziegel, Mörtel, Beton, Geschütze, Fahrzeuge, Panzer, Schiffe – alle in die Luft gejagt. Brücken, Bahngleise, Nachschublager, Fabriken, ganze Städte in Trümmer gelegt – ein Krieg für Planierraupen.

Churchill Mk III Avre „Bobbin"

DDs, Crabs und Avres sollten die feindlichen Strandbefestigungen ausschalten – aber sie würden nicht einmal in ihre Nähe gelangen, falls der Sandstrand sich als zu wenig tragfähig erwies. Dort wurde der Pionierpanzer „Bobbin" (Garnspule) eingesetzt, der eine etwa 100 Meter lange Segeltuchbahn über den Strand legen konnte.

Bewaffnung: ein Petard-Zapfenmörser, ein 7,7-mm-MG. Besatzung: vier Mann. Geschwindigkeit beim Mattenlegen: 5 km/h. Fahrbereich: 140 Kilometer. Gewicht: 35 Tonnen.

Sherman M4-A4 DD (Duplex Drive)

Die DD-Schwimmpanzer (mit Doppelantrieb, d. h. mit vom Motor angetriebenen zusätzlichen Schrauben) sollten als erste Panzer den Strand erreichen. Sie verdankten ihre Schwimmfähigkeit einer zusammenfaltbaren Segeltuchhülle, die bei der Landung herabgeklappt wurde, so daß der Panzer sofort die Bekämpfung feindlicher Stellungen aufnehmen konnte.

Bewaffnung: eine 7,5-cm-Kanone, zwei 7,62-mm-MGs, ein 12,7-mm-MG. Besatzung: fünf Mann. Geschwindigkeit: 7 km/h im Wasser, 40 km/h an Land. Fahrbereich: 190 Kilometer. Gewicht: 30 Tonnen.

Sherman M4-A4 „Firefly"

Mit dem „Firefly" (Glühwürmchen) gelang es den Alliierten erstmals, die Feuerkraft deutscher Panzer zu erreichen. Das war notwendig, denn die deutschen Panther und Tiger hatten sich als kampfstark erwiesen – und so entstand der Sherman „Firefly", bei dem ein englisches schweres Pakgeschütz in den bewährten Sherman eingebaut wurde.

Bewaffnung: eine 7,62-cm-Kanone, ein 12,7-mm-MG. Besatzung: fünf Mann. Geschwindigkeit: 40 km/h. Fahrbereich: 190 Kilometer. Gewicht: 30 Tonnen.

Churchill Mk III Avre

Das Avre – Armoured Vehicle Royal Engineers (Pionierpanzer) – war eine Spezialkonstruktion zur Vernichtung von MG-Nestern und Bunkern aus nächster Entfernung mit seinen schweren Werfergranaten, den „fliegenden Mülltonnen".

Bewaffnung: ein Petard-Zapfenmörser (25pfünder), ein 7,7-mm-MG. Besatzung: fünf Mann. Geschwindigkeit: 25 km/h. Fahrbereich: 140 Kilometer. Gewicht: 35 Tonnen.

Sherman M4-A4 „Crab“

Der Sherman „Crab“ (Krabbe) war ein Minenräumpanzer, der bei Landeunternehmen durch die Minenfelder am Strand rollen und mit seinen wie Dreschflegel wirkenden Ketten drei Meter breite Gassen räumen sollte, durch die die Masse der Invasionstruppen an Land kommen konnte.

Bewaffnung: eine 7,5-cm-Kanone, zwei 7,62-mm-MGs, ein 12,7-mm-MG. Besatzung: 5 Mann. Räumgeschwindigkeit: 2,5 km/h. Gewicht: 30 Tonnen.

Register

Namenregister

Sachregister

Ortsregister